JN060599

教育の基礎と展開

〔第三版〕

豊かな**教育・保育**のつながりをめざして

髙野 良子
武内 清 編著

学 文 社

執筆者

永井　聖二	元 東京成徳大学子ども学部教授		（第1章）
中山　幸夫	敬愛大学学長		（第2章）
藤崎　春代	昭和女子大学大学院生活機構研究科 特任教授		（第3章）
丹治　恭子	立正大学仏教学部教授		（第4章）
小野まどか	植草学園大学発達教育学部講師		（第5章）
新田　司	千葉敬愛短期大学教授		（第6章）
＊武内　清	敬愛大学名誉教授，上智大学名誉教授		（第7章）
浜島　幸司	環太平洋大学次世代教育学部講師		（第7章）
遠藤　隆志	植草学園大学発達教育学部准教授		（第8章）
＊髙野　良子	植草学園大学名誉教授		（第9章）
松尾　知明	法政大学キャリアデザイン学部教授		（第10章）
夏秋　英房	國學院大學人間開発学部教授		（第11章）
金藤ふゆ子	文教大学人間科学部教授		（第12章）

コラム執筆

明石　要一	千葉大学名誉教授	
加藤　幸次	上智大学名誉教授	
實川　慎子	植草学園大学発達教育学部教授	
白川　優治	千葉大学国際教養学部准教授	
岡田　直美	千葉市立小学校校長	
木村　治生	ベネッセ教育総合研究所主席研究員	
広瀬　由紀	共立女子大学家政学部児童学科准教授	
伊藤　静香	帝京平成大学人文社会学部准教授	
髙野だいわ	元 千葉県立高等学校校長	

（執筆順，＊は編者）

まえがき

　教育の営みは，親の子育てから始まり，保育や教育の機関（保育所・園，幼稚園，認定こども園，小・中・高等学校，大学等）へと続き，地域社会とのかかわりをもちながら，社会にでたのちも学び続ける生涯学習につながっている。

　本書は，この教育の営みのなかで，乳幼児期・児童期に焦点をあて，保育士，幼稚園教諭，小学校教諭，中・高等学校教諭，特別支援学校教諭等をめざしている人々が，教育の基礎と展開を学べるように編纂したものである。

　2016年に初版を，2018年に第二版を発行した本書だが，このたび，「令和の日本型学校教育」の構築やこども家庭庁の創設等を受け，内容の更新を行い，新たに二名の執筆者にも加わっていただき，第三版を編纂することとなった。

　それぞれの分野の専門家の手による教育と保育に関する12章は，さまざまに教育・保育のことを考える気づきを与えてくれることだろう。各章末には，読者に考えてほしい設問を用意した。また，内容に関連したコラムを適所に配置している。今日，すべての教育段階で求められているアクティブ・ラーニング（主体的・対話的で深い学び）を実践し，自分なりの答えを考え，周囲の人と議論し，問題の本質に迫ってほしい。巻末には教育基本法を収録，そして関連する基本的な法律等をQRコードの一覧にして掲載した。これらも活用してほしい。

　このように，本書は，教育と保育の本質や問題を理解すると同時に，それらに関して，新たな学びの世界へと導く仕掛けに満ちている。大学や学校での授業だけでなく，家庭や生涯学習の場面等でも是非活用していただきたい。

　本書の企画から出版に至るまで，学文社の落合絵理さんには，大変お世話になった。執筆者を代表して厚く感謝を申し上げたい。

2024年3月

編　者

目　次

第1章
人間形成と教育

① 社会的事実としての教育

　人間の成長，発達は，遺伝的な要因を基盤としながらも，環境との相互作用のなかで展開される。野生児の事例は，人間形成における文化の影響力の強さを示している。素質と環境の交互作用としての経験を，価値的に望ましい方向へと導こうとする営みが教育であり，無意図的教育から意図的な教育に至るさまざまな働きかけが個人を重層的に取り巻く。日本の育児には性善的子ども観や間接的コントロールの多用といった特徴がみられるが，それは学校教育などのよりフォーマリティーの高い教育のあり方を規定するものとなっている。

1. 社会，文化と人間形成

　教育社会学の祖とされるエミール・デュルケム（É. Durkheim）は，教育を個人の人格の完成という面から考えるそれまでの教育学の立場を批判して，教育とは方法的，組織的な社会化であると規定した。デュルケムは，個人の外側に存在し，個人を束縛することによって社会的価値を内面化させる作用を帯びたものを「社会的事実（fait social 仏語）」と呼んだが，教育とはこの社会的事実にほかならない。

　デュルケムは，アテナイにはアテナイ固有の教育が，ローマにはローマの教育が存在した点に注目し，人類に普遍な教育の理想などはありえないと考えた。デュルケムが当該社会の成員間の共通基盤を前提としたことに対しては，今日では葛藤論的な視点から批判が強い。しかしながら，教育という営為が社会的

事実として，具体的な個々の社会のなかで行われることは疑問の余地がない。

　人間は集団的・社会的生活のなかから文化をつくり出し，それを継承させ発展させてきた。しかし，個々の社会（集団）において蓄積された文化は個人に遺伝的に伝えうるものではないから，若い世代はこれを学習し，内面化することが必要である。他方，個人の側からみても，一定の社会（集団）のなかで生活していくためには，その社会ないし集団の文化を内面化し，成員性を獲得することが不可欠である。

2. 文化とパーソナリティー形成

　組織的，意図的な教育の基盤となる個人のパーソナリティーの形成が，当該社会の，文化的な条件のもとで強く規定されることを具体的な研究成果として示そうとしたのは，今日の心理人類学への流れを構成する 1920 年代から 1930 年代にかけての「文化とパーソナリティー」研究であった。今日ではフリーマン（D. Freeman）らの批判があるが，個人のパーソナリティー形成の及ぼす文化的要因の重要性を一貫して研究的関心としたマーガレット・ミード（Margaret Mead, 1901-1978）は『三つの未開社会における性と気質』（1935 年）のなかで，男女に固有なものと考えられがちな気質の差異が生得的なものであるのか，後天的なものであるかをフィールド調査によって明らかにしようとした。

　ミードによれば，アラペッシュ族は男女ともに子どもに母性的に接し，また両性とも優しく受け身な「女性的」行動様式を示していた。これに対してムンドゥグモア族は，男女とも嫉妬深く攻撃的であり，西欧的な観念からすればともに「男性的」な性格であった。さらにチャンブリ族は，女性が積極的，実際的で，男性は逆に線が細く消極的であった。私たちに身近なオリンピックの歴史をみても，さほど遠くない時期まで，女子マラソンや女子レスリング，女子の重量挙げなどの今日では当然とされる競技種目が考えられもしなかったことをみても，文化的な見方の重要性は容易に理解できるだろう。

3. 野生児の事例

　パーソナリティー形成が社会的，文化的条件に強く規定されることをしめす事例は，多くの野生児についての報告にもみられる。野生児とは，何らかの理由によって幼児期に人間社会から切り離されて森のなかで独力で生活したり，あるいは（それが可能なのか疑問であるが）狼などの動物とともに成長したとされる子どものことであるが，なかでも著名なのは 1799 年南フランスのアヴェロンで発見されたアヴェロンの野生児（後にヴィクトルと名づけられた），1828年南ドイツのニュルンベルク城の地下牢から発見されたカスパー＝ハウザー，1920 年南インドで発見された狼の群れのなかで成長したとされるアマラとカマラの事例である。

　このうちインドの狼少女については，近年では 2 人が真の野生児であったかどうか疑問視する報告も多い。たとえば狼の群れは，時には一日に長距離を移動することがあるが，人間の幼児が群れと行動を共にすることができるのか，といった疑問である。しかし，これらの野生児の記録には言語習得の困難，四足歩行という特徴が共通して指摘されている。野生児の事例は，幼児期の人間が人間社会ないし人間文化との接触を欠いた「文化剝奪」(cultural deprivation)のなかでは適正な発達をなしえないことを示すものであり，それとともに野生児の多くが言語の習得に失敗したとされることに示されるように，人間の基本的な学習には適時性（学習が進みうる時期）があることを示すものである。

② 遺伝と環境

1. 輻輳説

　ところで，人間の性格や知能，学力について，それが遺伝的な条件に規定されるのか，それとも環境によって規定されるところが大きいのかについては，古くから論争があった。遺伝については，19 世紀にメンデル (G. J. Mendel, 1822-1884) によってその法則が明らかにされて以来，それが人間の成長や発達についてもどの程度当てはまるのかが論議されてきた。今日では，人間の成長

や発達は，遺伝，環境のいずれかによって決定的に規定されるという極端な考え方はしりぞけられている。ウィリアム・シュテルン（William Stern, 1871-1938）は人間の成長，発達は，内的な遺伝的要因と外的な環境要因の交互作用によると考える，いわゆる輻輳説を唱えたが，こうしたとらえ方が今日一般的に支持されている。

とはいえ，遺伝的要因と環境的要因の影響は均一ではなく，身体や顔の特徴などの身体的な特性では遺伝的な要因が大きな影響をもつことは私たちがよく知ることであろう。一方，知能や気質などにおいては，遺伝的な要因の影響力は身体的，肉体的な特性ほどではなく，学力についてはその影響力は最も希薄であるとされている。

2. 予言の自己成就

現代の日本においても，たとえば「血液型性格診断」といわれるような，性格形成における遺伝的な要因の規定力を極端に重視する言説も存在するが，こうした科学的には検証されない言説の影響力が今日の日本でなお無視できないのはなぜなのだろうか。それはおそらく，心理学，教育学などの人間についての科学が，個別のケースについての予測に十分役立つ水準までには到達していないことが原因でもあるだろう。

人間科学においては，倫理的に実験が難しく，加えていわゆる「予言の自己成就」というプロセスも無視できない。予言の自己成就とは，社会学者ロバート・キング・マートン（Robert King Merton, 1910-2003）によって示された概念であり，人間科学ではひとたび予言がなされると，その真偽にはかかわりなく，それが一定の影響力をもつことをいう。たとえば，ある子どもが「音楽的な才能が豊かだ」とか「非行少年になりそう」だとする予言がなされると，それが根拠あるものではなくとも，周囲の人々の態度に影響を与え，ひいては本人にも影響を与えることは免れない。「血液型性格診断」に科学的根拠はなくとも，それが人々に影響を与えることは皆無ではないということになる。

❸ 意図的教育と無意図的教育

1. 経験の再構成

　人間についての科学，とくに発達に関わる研究においては，従来双生児の発達についての研究などが進められてきたが，その成果も十分ではない。それは何よりも，現実の私たちは遺伝的要因と環境的要因が複雑に交錯する状況のなかで発達を遂げるので，それを厳密に区分することは困難であるからである。教育について考えるときにいう「素質」とは，単なる遺伝子的な要素ではなく，それ以前に働きかけのあった環境がとけ込んだものをいうのである。すでにふれた野生児の事例などが示すように，個人の性格や知能，学力などの形成の過程における遺伝的要因の規定力を過度にとらえることは誤りである。

　ジョン・デューイ (John Dewey) は，人間形成の要素として，「主体」と「環境」と「教育」を挙げ，主体と環境の相互作用としての経験を重視し，この経験をのぞましい方向へ改造していくことが教育の機能であると考えた。すなわち，デューイによれば，教育とは直接的な経験から出発し，これを再構成し，拡大・深化する過程であり，社会で広く行われている人間形成を（その社会なりの）のぞましい方向に指導し，改造する働きであるというのである。

2. 広義の教育と狭義の教育

　教育を広義にとらえると，教育とは人間形成のプロセスと同義になる。子どもは社会のなかに生まれ育ち，身の回りの人々やテレビのマスメディアをはじめとする機能的教育主体のさまざまな影響をうけて成長する。これが広義の教育の過程であり，それを「よりよい」方向へと導こうとするのが狭義の教育である。もっとも，「大人のいいつけに素直に従う子がよい子」なのか「自分の意見をよく主張できる子がよい子」なのかは意見が分かれるところであるように，「よりよい方向」とは何かについては異なる意見が存在することになるが，この狭義の教育も，たとえば育児やしつけのようなフォーマリティーの程度が低い働きかけから，学校教育のようなフォーマリティーが高い教育までさまざ

まあり，それが重層的に個人を取り巻くという構造がみられる。

④ 機能的教育の日本的特徴

1. 日本型育児の特徴

　また，かつてほどの差はないとはいえ，私たちの社会の子ども観は，なお欧米のそれとは内容を異にする。恒吉遼子らによれば，アメリカやイギリスの育児書には，「親は揺らぎのない態度で子どもに接するべき」で「子どもに対する罰はすぐに与えるべき」であり，「（子どもに対して）脅しをかけたならそれを実行しなければならない」「叱るときは威厳のあるトーンや表情を使わなくてはならない」などというアドバイスが今日でも多くみられるという（恒吉他 1997）。

　いずれも多くの日本人には違和感があるアドバイスといえるのだが，なぜなら日本では，今もなお「子どもは本来的に善なるものであり，子どもを信頼し，子どもに愛情を注ぐことが，そのまま子どものよりよい成長，発達につながる」はずだという，性善説的子ども観が支配的であるからである。また，添い寝を否定しないこと，子どもの形式的には自発的な同調を促す間接的コントロールの多用といった特徴もわが国の子育ての特徴である。

　ここで間接的コントロールとは，たとえば「静かにしなさい」と直接的に命令するのではなく，「………さっきからうるさい人がいるけれど，それでいいのかな？」と形のうえでは自発的な同調を促すことをいう。

　恒吉らのこの分析は，1990 年代までの育児書を研究対象としたものであるし，すでにそのようななかにも新たな動向も示されている。また，西欧にもルソーのような子ども性善説的な考え方をする思想家もいたし，それゆえに今日高く評価されていることはよく知られている。しかし，文化としての子ども観を比較するなら，わが国の子ども観は，今日でも性善説的子ども観に明らかに傾斜している。アメリカにおける戦後の育児書のベストセラー『スポック博士の育児書』が添い寝の害を警告するのに対し，わが国の戦後の育児書の多くがそれ

を当然のこととする対比は興味深い。

2. 消費社会化

　子どもは無邪気でかわいいもので，自然によい方向へ向かうものである。も
しそれができないとすれば，それは大人の側，社会の側に問題があるというよ
うな見方は，近年のさまざまな少年問題の報道におけるわが国の「識者」のコ
メントにも多く登場する論理である。子どもはかわいいものであり，時に何か
悪いことをしたとしても，それはたまたまそうなったということにすぎないし，
むしろ大人の側にこそ問題があると考える文化的傾向が，わが国の育児やしつ
けの基盤となっているし，間接的なコントロールの多用といった特徴も，その
後のフォーマリティーの高い教育のあり方，たとえば教師や職場の上司のコン
トロールを規定するものともなっている。

　もっとも，産業社会から消費社会へと社会が移行するなかで，子どもの文化
もまた変容を遂げ，消費者として，大人と同様に，時には大人以上に熟達した
スキルをもち，消費社会に適応する。そこでの子どもたちの文化は，かつての
「純粋無垢な，かわいい」子ども像とはかならずしも一致しない。その離齬は，
直接の消費社会のフィールドのみならず，学校生活を含めた子どもの生活のあ
らゆるフィールドにおいて顕在化することを免れない。それは，日本型の子ど
も観の伝統とも異なる，新たな子ども観とそれに基づく大人と子どものかかわ
り方を求めることにつながるともいえよう。

　「小さな大人」の再登場ともいわれる消費社会に適応した子どもたちは，ご
く幼いうちはともかく，大人たちが期待するように純真無垢ではないかもしれ
ない。今，私たちに求められるのは，時系列的な分析軸と比較文化的な子ども
観の分析軸の交差する枠組みのなかで，新たな子ども観と子どもの文化の現状
を見据え，そのうえで大人たちが何をなすべきかという課題を考えることであ
るといえるだろう。機能的な教育は学校教育のような意図的な教育のあり方に
も，大きな影響を与えるのである。人間形成のプロセスや教育について，科学
的に考えるということは，自らが当然だと信じていることを問い直す作業から

始まるといえるのである。

【永井聖二】

1 オリンピックの女子種目の変遷について調べてみよう。
2 スポック博士の育児書の内容と日本的な育児慣行や育児観の違いについて調べてみよう。

引用・参考文献

デュルケム，É.著，佐々木交賢訳『教育と社会学』誠心書房，1976年〔原著　1922年〕

フリーマン，D.著，木村洋二訳『マーガレットミードとサモア』みすず書房，1995年

ボードリヤール，J.著，今村仁司・塚原史訳『消費社会の神話と構造』紀伊國屋書店，1979年〔原著　1970年〕

アリエス，P.著，杉山光信・杉山恵美子訳『〈子供〉の誕生―アンシャン・レジーム期の子供と家族生活』みすず書房，1980年〔原著1960年〕

高橋勝『文化変容のなかの子ども―経験・他者・関係性』東信堂，2002年

恒吉遼子・S.ブーコック『育児の国際比較―子どもと社会と親たち』日本放送出版協会，1997年

キャリア教育

千葉大学名誉教授　明石 要一

　まず，頭の体操である。「勉強する」と「仕事をする」の違いをズバリ一言で説明してほしい。教育関係者はこの区別をはっきりさせない人が多い。新しい職場での着任挨拶で，「何もわからないので勉強させていただきます」という。これではいけない。「勉強する」は月謝を払って学ぶ。身銭を切るのである。一方，「仕事をする」は仕事の対価で賃金をもらう。新しい職場での挨拶は「勉強」でなく「仕事」という言葉を使わねばならない。もうひとつ，「稼ぐ」と「儲ける」の違いをどう説明するか。非営利団体のNPOは「稼ぐ」のである。ここは儲けてはいけない。しかし，収入を得る活動は許される。収益を上げなければ活動は続かない。しかし，得た収入は貯蓄してはいけない。スタッフの人件費や活動経費に使うのである。「儲ける」は民間の株式会社で使われる概念である。

　次に，中学生の進路情報の実態を示す。千葉県の中学2年生に千葉大学を知っていますか，と尋ねた結果95％は知っていると答える。ところが，知っている学部では平均2学部。教育学部と医学部である。

　親と教師は次のような仕事・職業に関する基本的な問いかけをしていないのだ。「将来何をして食べていきたいか」「その仕事・職業ならこんな資格が必要だ」「その資格を取るには何学部がいいよ」。進路指導が進学指導に終わっているのである。本来，生き方指導であるものが，目先の学校選択に狭められている。

　そこで，文部科学省は1999年の中教審答申で「キャリア教育」という新たな概念を打ち出した。将来を担う若者たちが勤労観・職業観を育み，主体的に進路選択をして自立できる能力を身につけることをめざす教育である。具体的には，次の4つの能力である。①人間関係能力，②情報活用能力，③将来設計能力，④意思決定能力。これらを実現させるには，机上の教育だけでは無理なので職業体験を導入することを提案している。トライ・アンド・エラーの推奨である。オックスフォード大学が20年後には現在の職業のうち50％が消えるという報告書をまとめた。これからのキャリア教育は，さまざまな体験を通じ社会の変化に柔軟に対応できる基礎的な力と応用できる力の育成が喫緊の課題である。

第 2 章
教育の思想と歴史

　本章では，わが国の教育のあり方に確かな影響を及ぼした欧米の教育思想と，わが国における公教育としての近代学校制度導入以降の教育の歴史を概観することで，教育について視野を広げ，教育をより深く考える一助としたい。

❶「子どもの発見」と新教育の思想

1. ルソーからペスタロッチへ

　教育の思想は，教育について考えられたことを体系化したものである。それは人間（子ども）をどうとらえるかという人間観（子ども観）によって基礎づけられている。ヨーロッパではルネサンス（Renaissance）によって人間生活における旧いモデルが否定され，新しい生き方のモデルを探求しようとする時代の機運が高まりを見せた。このような歴史の流れのなかで，人間の本性を押さえつけず，人間の本性に従った教育のあり方を説く新しい人間観（子ども観）が誕生することになった。その代表といえるのが，放浪の思想家ともいわれたルソー（J. J. Rousseau, 1712-1778）の教育思想である。

　ルソーはスイスのジュネーブに時計職人の子として生まれた。生後間もなく母親が死去し，そのため父と叔母に育てられた。若くして出奔し長く放浪生活を送ったが，ヴァランス夫人との出会いにより，学問と教養を身につけることができた。その後，パリの思想界にデビューし，アカデミーの懸賞論文に応募した『学問芸術論』（1750）の入選によって名声を得るようになった。

　『人間不平等起源論』（1755）において，ルソーは当時の社会や政治に批判の

眼差しを向けた。『社会契約論』(1762) の冒頭では「人間は生まれながらにして自由である。しかし，今やいたるところで鎖につながれている」と痛烈な批評を投げかけた。そして，教育思想の傑作といわれる『エミール』(1762) において「万物をつくる者の手をはなれるときすべては善いものであるが，人間の手にうつるとすべてが悪くなる」と述べ，「合自然」の立場から教育のあり方を提言したのである。ルソーは子どもを単なる未完成の大人とみるのではなく，子どもには大人の原理に置き換えられない固有の活動があること，また子どもには自ら成長発達しようとする内在的な能力が備わっていることを説いた。それはルソーの革新的思想としての子ども観の表明（「子どもの発見」）でもあった。

ルソーは，子どもの内なる自然に従って教育を行うべきことを主張した。このような自然性を賛美する思想は時の為政者や教会から異端視され，ルソー自身も迫害を受けたが，その思想的影響は当時のヨーロッパ社会のみならず後世の教育にも多大なインパクトを残すこととなった。

「民衆教育の父」ともいわれるペスタロッチ (J. H. Pestarozzi, 1746-1827) はスイスのチューリッヒに生まれ，ルソーの教育思想に啓発されながら自らの実践を通して子どもについて観察を積み重ね，そこから教育についての深い洞察を得た人物である。

ペスタロッチは，ノイホーフでの農場経営を皮切りにシュタンツにおける孤児院の設立，さらにブルクドルフやミュンヘンブーフゼー，イヴェルドンにおける新たな民衆学校の設立により，貧しい民衆を救済するための拠り所を教育に求めた。その教育思想の根底には，貧民の悲惨な生活状態を改善し，その子どもたちを貧困から救い出そうとするヒューマニズムの精神が流れている。そして，何よりもペスタロッチ自身が自ら教育愛を実践した「教育の聖人」(教聖) であった。彼がめざした理想の教育は，知・徳・体の全面的かつ調和的な発達を促す全人格的な教育であった。この考え方は「全人教育」という言葉とともに，わが国の学校教育にも大きな影響を及ぼす教育理念となっている。ペスタロッチの教育思想は，『隠者の夕暮』『シュタンツだより』などを通して概要を知ることができる。

2. フレーベルと幼稚園教育の誕生

　世界初の幼稚園（Kindergarten）の設立者として知られるフレーベル（F. Fröbel, 1782-1852）は、ドイツのオーベルヴァイスバッハに敬虔派の牧師の子として生まれた。生後9カ月で母親が死去し、父親が再婚して迎えた新しい母（継母）とうまくいかず、孤独な幼少年期を過ごした。10歳のとき聖職者の伯父（実母の兄）に引き取られ、初めて温かな家庭生活を経験し、宗教的情操を育むことができた。堅信礼までの4年間、伯父はフレーベルを手厚く養育してくれたのである。14歳からは経済的事情により林務官のもとに弟子入りして森林で働き、自然界の営みから多くのことを学んだ。

　その後、フレーベルはイエナ大学に進学したが、学費が続かず1年有余で退学し、山林局の書記や測量師の助手などさまざまな職についた。やがて、友人の紹介により師範学校の校長でペスタロッチ学徒のグルーナーと出会い、彼の強い勧めで教育者の道を歩むことになった。そして、ペスタロッチのイヴェルドンの学校を訪ねて約2年間滞在し、人間教育の真髄を学んだのである。

　ペスタロッチに師事しながら、フレーベルは幼児教育の重要性に注目するようになる。また、ゲッティンゲン大学やベルリン大学で鉱物学、地球構造学、結晶学などの学問を広く学びながら思索を深めた。1816年にはグリースハイムにおいて「一般ドイツ教育所」を開設し、翌年には学園をカイルハウに移し独自の教育実践を展開した。1826年には教育に対する自らの考え方を表明するために『人間の教育』を出版した。ここには彼の宗教的世界観に基づいた教育の根本思想が述べられている。フレーベルはこの世のあらゆるものは神のうちに存在し、教育とは人間に内在する「神性」を引き出すことであると考えた。

　フレーベルは1835年にスイスのブルグドルフの孤児院長に就任し、幼児の教育に当たることになる。1837年にはドイツに戻り、ブランケンブルグに教育所を創設し、幼児の遊び道具として「恩物」を考案・制作した。1840年には世界で初めての幼稚園となる「一般ドイツ幼稚園」を設立し、幼児期の教育と家庭生活、母親の自覚の重要性を訴えた。フレーベルの幼稚園は彼の教育思想と理論の実践の場であり、その後、世界中で普及して今日に至っている。

3. モンテッソーリと「子どもの家」

「幼児教育の母」ともいわれるモンテッソーリ（M. Montessori, 1870-1952）はイタリアのアンコナで生まれた。彼女はローマ大学の医学部に入学を許され，イタリアで最初の女性医学博士となった人物でもある。

医学部卒業後，モンテッソーリはローマ大学附属病院の医療スタッフとして働き，やがて発達遅滞児に関心を寄せるようになった。そして，彼らの観察を通して，発達遅滞の治療は医学的方法から教育学的方法に切り替えるべき問題としてとらえ，フランスの医師イタール（J. M. G Itard, 1774-1838）と弟子のセガン（E. Seguin, 1812-1880）の研究にヒントを得て，感覚訓練のための教具を考案し，発達遅滞の治療に成功を収めた。この成功を実現した方法を一般児にも応用できると確信したモンテッソーリは，1907年にローマのスラム街に「子どもの家」（Casa dei Bambini）と名づけた施設を開設し，就学前の子どもの教育を行った。ここで用いられた教育方法こそ，「科学的教育学」の方法としての「モンテッソーリ・メソッド（モンテッソーリ教育法）」であった。この教育法の成功により，「子どもの家」には世界の各地から多くの教育関係者が視察に訪れた。これによって「モンテッソーリ・メソッド」は世界中に紹介され，普及していったのである。

モンテッソーリは，子どもの表す事実を丹念に観察し，子どもの発達は宇宙の法則ともいうべき自然によって与えられた内的な計画に基づいて行われると考えた。また，発達の各段階，とりわけ幼少期には「敏感期」と呼ばれる期間があり，ある能力を獲得するために，環境のなかの特定の要素に対して，それをとらえる感受性が特別に敏感になる一定期間が存在することを明らかにした。そのため，幼少期の子どもの教育を担う教師（保育者）は，「敏感期」を上手に生かすために「環境の整備」に心を砕くべきことを説いた。

教育における今日的概念のなかには，「縦割り保育」や「異年齢集団による活動」，「チーム・ティーチング」など，モンテッソーリが唱えた革新的見解や理論，進歩的方法を反映したものも少なくない。

② 公教育思想の系譜

1. 公教育思想の先駆者コメニウス

　学校は私たちにとって身近な存在である。毎年4月の新学期，新しいランドセルを背負った子どもたちが小学校に入学する。春の風物詩ともいえる光景であるが，こうした光景はいつごろから見られるようになったのであろうか。

　子どもが一定の年齢に達すると小学校に入学することが制度として成立したのは，人間社会の歴史においては比較的新しい時代である。それは19世紀の後半，ヨーロッパを中心に近代公教育制度（国民教育制度）が発足したことに由来する。公教育制度は，教育による子どもの健全な成長と社会の安定・秩序を願う思想的見地から提唱されたが，一方で学校教育による国民統治と国家の発展をねらいとする近代国家の為政者たちによって企図された学校制度でもあった。このような近代公教育制度が成立するうえで，「近代教育の父」といわれたコメニウスが果たした役割は大きい。

　コメニウス（J. A. Comenius, 1592-1670）はモラヴィア（現在のチェコ共和国の一部）に生まれたが，宗教的迫害や三十年戦争，民族解放運動の渦中で苦難に満ちた人生を歩んだ。そうした彼自身の人生と教育体験を通して，コメニウスは自らの教育思想を『大教授学』（1657）において展開した。「すべての人々に，あらゆる事柄を」教授することの重要性を説きながら，コメニウスは学校制度の改革と体系化を提案したのである。「学校はあるが，それは社会全体のためにあるのではない。……それは金持ちのためだけに存在しているのである。貧乏人は偶然その機会が与えられるか，他人の同情による以外は学校に入学することはできない」。コメニウスはこのように述べて，当時の学校制度を批判し，すべての子どもたちが貧富の別なく入学・進学できる学校体系を提案した。すなわち，母親学校→母国語学校→ラテン語学校→大学（アカデミア）の階梯化された学校制度がそれである。コメニウスによって提唱された統一学校の構想は，公教育思想の先駆ともいうべき考え方であり，今日の学校制度の原型にほかならない。

2. 公教育の計画者コンドルセ

コンドルセ（M. Condorcet, 1743-1794）は数学者としても知られたフランスの政治家，啓蒙思想家である。フランス革命後の1792年，立法議会が設置した公教育委員会の議長として報告書（「公教育の一般的組織に関する報告および法案」）を議会に提出し，公教育の計画を明らかにしている。

コンドルセは，公教育としての国民教育の理念をフランス革命の自由と平等の精神に求めた。その点で，彼の教育計画は政治的権力や宗教的権力などの外的権力からの干渉を極力排除し，公教育の独立性を確保しようとするものであった。また，平等の原則に基づいて，すべての人々に教育を開放しようとする試みでもあった。

報告書において，コンドルセは国民教育を組織することは国家の義務であると主張し，全教育体系として，①小学校，②中学校，③高等中学校（instituts），④高等学校（lycée），⑤国立学術院の5階梯の学校制度を提案している。教育計画としての学校の設置に関してコンドルセがとくに力を入れたのは，学校分布の平等性という点であった。小学校は原則として人口400人をもつ村落ごとに，中学校は各地方（district）の中心都市および400人以上の町に，高等中学校は各県に設置すべきであるとした。高等学校は地方の各県に知識人を確保することをねらいとして9校設置し，パリには国立学術院を設置するという計画を立てた。教育課程においては，数学・自然科学・社会科学などを重視するとともに，教育内容から宗教色を排除しようとしたのである。

コンドルセの教育計画は，その後の革命政府の崩壊によって実行に移されることはなかったが，その理念は自由・平等・博愛を謳ったフランス革命の精神の教育的表明であり，その後のフランスにおける教育制度改革の底流となった。そして，19世紀後半の世界各国における近代学校制度の成立と発展に受け継がれていったのである。

3. デューイにおける公教育としての学校教育

デューイ（J. Dewey, 1859-1952）は，アメリカが生んだ知の巨人ともいえる哲

学者，教育学者である。新教育運動の代表的人物でもあり，『学校と社会』(1899，改訂版 1915)，『明日の学校教育』(1915)，『民主主義と教育』(1916)，『経験と教育』(1938) などの名著を残した。

デューイが教育界でその名を知られるようになったのは，シカゴ大学附属小学校 (「デューイ・スクール」とも呼ばれた実験学校) での実践，実験的取り組みによるところが大きい。附属小学校での 3 年間の教育実験とその研究結果に基づいて出版された『学校と社会』において，デューイは学校を「小さな共同社会」ととらえ，伝統的な一斉授業中心の学校教育を，作業を中心とする活動的な学習の場に変えることの意義を説いた。また，伝統的な「旧教育は，重力の中心が子どもの外部にある」と指摘し，重力の中心を移動させ，子どもが太陽であり，教育の中心でなければならないと主張した。

デューイはプラグマティズムの立場から，「小さな共同社会」としての学校において，子どもたちは一人ひとりがさまざまな問題解決のための学習活動に取り組むことにより，仮説を吟味しながら問題解決への見通しを立て，結果を検証する過程で相互に協力し，また批評をしながら共同社会に生きる人間として必要な知識と知恵を獲得していくことを期待した。このような学習活動は，共同社会を維持，発展させるためには不可欠であり，子どもたちは「小さな共同社会」での経験を通して，自由で主体的な個人同士が責任を負いながら共同体を支え合う民主主義の本質について理解を深めていくことができるのである。

デューイにおいて，公教育としての学校教育は，子どもたちが将来参加することになる成人社会において民主主義のシステムとルールを尊重し，問題解決と自己実現の過程を通して，共同体を望ましい方向に発展させていくことを学習するための制度でもあった。すなわち，民主主義のための学校こそがデューイのめざした学校像でもあった。今日，新自由主義をはじめとするさまざまな思想的潮流のなかで公教育の再構築が改めて教育の改革課題となっているが，デューイの思想は，公教育の今日的課題に対する有益な示唆，アイデアを含むものであり，学校と社会をめぐる教育課題の解決に向けてデューイの思想から学ぶべきものは多い。

❸ わが国の近代化と戦前の教育

1. 明治期における近代教育の展開

　江戸期から明治期への時代の一大転換により，わが国の教育は近代的な学校制度の下で整備されることになる。それは，1872（明治5）年の「学制」公布によって開始された。フランスの教育制度をモデルとした「学制」は，わが国で最初の総合的な教育法令であり，学校教育制度全般について規定した壮大な教育計画であった。

　「学制」公布に先立って布告された「学事奨励に関する<ruby>被仰出書<rt>おおせいだされしょ</rt></ruby>」は，創設される学校制度の性格・目的を説明し，新たな時代の学校教育の必要性を国民に周知し，理解させることをねらいとして出された文書である。そこには発足当初の明治政府の教育理念がいかなるものであるかがよく示されている。「被仰出書」では旧来の学問と封建的な教育を批判して，「立身出世」を謳いつつ今後の時代においては身分の別なくいかなる人もよりよい社会生活を営むために学問が必要であり，学問を学ぶ場として学校が開設されることを説いた。併せて，「殖産興業」を目的とした教育が行われることを説いた。このような教育理念は，制度としての国民教育を普及し，教育により広く人材を抽出，養成することで，個人の力量と国民の力量をともに高め，それにより国家も必然的に富強になるという考え方に基づいていた。

　しかし，「学制」の実施には多くの困難がともなうことになる。民衆（一般国民）に対する過重な財政負担や当時の民衆の生活実態から遊離した教育内容など，「学制」の施行に対する民衆の不満や反発は非常な高まりを見せ，政府の度重なる就学督励にもかかわらず，就学率は実質的には30％程度にすぎなかった。このため，政府は画一的・強制的に教育の欧米化をめざした「学制」の手直しに着手せざるを得ず，1879（明治12）年にはアメリカの自由主義的・地方分権的教育行政をモデルに「教育令」を公布することになった。これにより，就学条件を緩和するなど，「学制」の画一的・強制的な性格は改められたのである。

　他方で「教育令」は教育についての権限を地域に委ね，民衆の自発的意思に

よって国民教育の普及を図ろうとする自由主義的性格をもっていた。このため，反政府運動としての自由民権運動の高揚に深刻な危機感をいだいた明治政府は，翌1880（明治13）年，教育令を全面改正し「改正教育令」を公布することになる。「改正教育令」は，明治天皇の侍講である元田永孚（1818-1891）が起草した「教学聖旨」の主張を大幅に取り入れ，儒教を中核とする徳育を重視し，修身科を小学校における筆頭教科に格上げするとともに，中央集権的教育行政によって国民教育の統制と国民思想の規制を図ろうとするものであった。

　その後，1885（明治18）年の内閣制度発足によって伊藤博文内閣のもとで初代文部大臣に就任した森有礼（1847-1889）は，翌1886（明治19）年，「諸学校令」（帝国大学令，小学校令，中学校令，師範学校令）を公布し，ここに学校制度改革に基づく国家主義的教育体制が確立することになる。

　そして，この国家主義的教育体制は，1890（明治23）年，「教育勅語」（「教育ニ関スル勅語」）の発布によって一層強化されることになる。全文315文字からなる「教育勅語」は，内閣法制局長官・井上毅（1844-1895）と元田永孚によって起草され，天皇の名により教育のめざす国家目標，臣民像が示された。内容的には，わが国の教育が「国体」に基づいて行われるべきであるとする前段，「臣民」として身につけるべき12の徳目を列挙した中段，勅語の教えは歴代天皇の遺訓であり古今東西に通用する普遍的原理であるとする後段の3段で構成されている。「教育勅語」の精神は，修身科の授業と学校行事を通して，国民の生活や意識の隅々にまで浸透するように教え込まれた。

　明治期には教育の国家統制の強化にともない，教科書の国定化や義務教育年限の延長（尋常小学校6年）なども実施に移された。また，就学率も上昇を続け，1890年代には50％を超え，明治期終盤の1910（明治43）年には98.1％にも達し，世界でもトップクラスの就学率となった。

2. 大正デモクラシーと新教育運動

　大正期になると，第一次世界大戦（1914-1918年）の終結による民主主義思想の波及と，明治期に定型化された「一斉教授」中心の学校の授業に対する批判

や不満を背景に，教育界に新たな改革への動きが見られるようになった。新中間層の親たちを中心に，子どもの個性・能力を伸長させる教育に対する期待が高まり，産業界においても工業化の進展や国際競争の激化に対応することのできる優秀な中堅技術者や産業人の養成を強く求める声が高まったのである。

　このような状況のなかで，国際的な新教育運動の影響を受けながら，わが国でも大正デモクラシー期の新教育運動が展開し，京都帝大総長も務めた澤 柳政太郎 (1865-1927) によって創設された成城小学校をはじめ，新教育の実践を標榜する私立学校が東京を中心にいくつも誕生した。成城小学校は，その設立趣旨に「個性尊重の教育」を掲げていたが，当時一般的であった 60〜70 人の大規模学級ではなく，30 人を限度とする 1 学級編成によって児童の個性を伸ばそうとした。一方で，各地の師範学校附属小学校のなかにも，新教育の考え方を実践に移す学校があらわれ，教育界の注目を集めた。これらの新教育の実践は，時代の制約のなかで十分に根づくことはなかったが，その教育的遺産はさまざまな形で今日の教育にも引き継がれている。

3. 戦時体制下の国民教育

　第一次世界大戦後，わが国の経済は慢性的な不況に見舞われていたが，昭和に入ると 1929 (昭和 4) 年の世界大恐慌の直撃を受けて，昭和恐慌に陥った。そのため，深刻な恐慌からの脱出口を求めて，当時の政府と軍部は対外拡張路線によって中国大陸への侵略を開始した。戦争遂行に向けた国家総動員体制が強化されるようになり，戦時体制へと国民を組織するための重要な政策として教育改革が行われることとなった。

　1935 (昭和 10) 年には青年学校が設置され，そこでは軍事教練も行われた。太平洋戦争に突入する直前の 1941 (昭和 16) 年には尋常小学校が「国民学校」と名称を変え，挙国一致体制の下で戦争遂行に随順する皇国民の形成をめざした教育が行われるようになる。中等学校生を中心とする「勤労動員」も日常化し，生徒は長期間の勤労を余儀なくされた。兵力不足を補うために，1943 (昭和 18) 年には「学徒出陣」が実施され，それまで徴兵を猶予されていた大学生

が戦地の最前線に送り込まれ，戦死する学徒兵もいた。1944（昭和19）年以降は大都市を中心に「学童疎開」も実施されたが，深刻な戦局とともに，わが国の戦時下の学校教育はその本来の教育活動を事実上停止していたのである。

④ 戦後日本の教育改革の軌跡

1. 戦後教育改革の始動

　1945（昭和20）年8月15日，昭和天皇のラジオでの「玉音放送」とともに日本は敗戦を迎えた。これにより，わが国は連合国最高司令官の制限下におかれ，日本軍解体の指令とともに，政治，経済，教育など各方面にわたり，これまでの体制を根本から打破する指令が発せられた。教育について，GHQ（連合国軍最高司令官総司令部）は，1945（昭和20）年10月から12月にかけて，「日本教育制度ニ対スル管理政策」指令をはじめとする「四大教育改革指令」を出して，戦前の軍国主義・超国家主義の教育を排除する措置がとられた。

　1946（昭和21）年3月には，第一次アメリカ教育使節団の一行が来日して調査研究を行い，戦後日本の教育改革の方向性についての助言・勧告を行った。教育使節団は，軍国主義・超国家主義的教育を改めて否定し，わが国に対して教育の民主化を要求した。文部省も6月に「新教育指針」を刊行し，戦後日本の新たな教育方針を打ち出した。そして，8月には首相直属の諮問機関である「教育刷新委員会」が立ち上げられ，内閣やGHQから一定の自由を保障されたなかで「教育に関する重要事項」を自主的に取り上げ審議し，戦後教育改革の骨格となる提言を行った。このように，教育に対するアメリカ側からの指令・要求と新たな考え方とのせめぎ合いのなかで，わが国における戦後の教育改革は具体化されていくことになる。11月には「日本国憲法」，翌1947（昭和22）年3月には「教育基本法」，「学校教育法」がそれぞれ公布され，4月からは戦後の新学制の下で小学校，中学校がスタートした。なお，戦後日本の学校教育は，アメリカ新教育運動の担い手であったデューイの「進歩主義」の教育学，教育理論の下に展開された。戦後の新教育は，当時の文部省が公認した教育の

立場でもあり、敗戦直後の日本の教育界にひとつの光明を与えるものではあったが、やがて批判の対象とされるようになった。

　その後、第二次世界大戦後の世界情勢は、米ソ東西二大陣営の対立構造が鮮明となり、東アジアにおいても1949（昭和24）年の中華人民共和国の成立、翌年の朝鮮戦争の勃発等により極東情勢は極めて不安定化した。このため、1950（昭和25）年には第二次アメリカ教育使節団が来日し、再び日本の教育改革の方向性について助言・勧告を行った。このような状況のなかで、アメリカの対日政策は、日本の民主化を徹底する当初の占領政策から、日本を共産主義の防波堤、反共政策の砦として再建する方向へと転換していったのである。

　アメリカ対日政策の転換とともに、1951（昭和26）年のサンフランシスコ講和条約以降のわが国の教育改革においては、教育に対する国の権限の強化と教育行政の中央集権化に向けた政策がとられるようになった。1954（昭和29）年の教育の政治的中立性に関する教育二法の制定、1956（昭和31）年の「地方教育行政の組織及び運営に関する法律」の制定・公布、1958（昭和33）年の特設「道徳」の実施と「学習指導要領」の法的拘束化など一連の諸政策は、戦後の教育改革における保守反動的な変化を示すものといえる。

2. 高度経済成長と教育

　昭和30年代半ばから始まったわが国の高度経済成長のなかで、経済界からの学校教育に対する要求は一層強められ、昭和30年代後半からの教育政策は主に経済界からの要求に応える形で展開された。1963（昭和38）年の経済審議会答申「経済発展における人材能力開発の課題と対策」は、経済発展を支える労働力としての人的能力の発見と養成を効率的に進めるための観点を打ち出し、教育制度の改革について改めて提言した。経済界は、経済発展に適した人材養成のために、義務教育段階における徳育の重視と基礎学力の充実、中等教育における多様化の推進、とりわけ中堅職業人養成のための実業教育の拡充を強く求めた。これを受けて、1966（昭和41）年、中央教育審議会は「後期中等教育の拡充整備について」を答申し、高等学校における適性・能力に応じた多様な

学科の設置や，高度の素質をもつ生徒に対する特別教育，中学校における適切な進路指導などを提案し，高校教育の一層の多様化が推進された。

　昭和 30 年代後半以降に進められた教育政策によって，学校教育は国民意識の形成を図る場であるとともに，国家社会の発展に必要な人材の配分・養成機関としての性格を強めていく。また，このような状況のなかで，わが子によりよい人生を送らせたいという親の素朴な願いは，より高い学歴を獲得させたいという欲求となって現われた。高校進学率は，1960（昭和 35）年に 57.7％にすぎなかったが，1970（昭和 45）年には 82.1％，1975（昭和 50）年には 91.9％に達した。大学進学率も 1960 年には 17.2％だったが，1970 年には 24.3％，1975年には 37.8％へと上昇した。このような上級学校への飛躍的な進学率の上昇は，受験競争をエスカレートさせ，「学歴信仰」を形成する誘因となった。そして，能力主義に基づく高校教育の多様化は，高校間の序列化をもたらし，さらには大学間格差を助長する要因にもなった。

3. 教育荒廃と臨時教育審議会

　1971（昭和 46）年の中央教育審議会答申「今後における学校教育の総合的な拡充整備のための基本的施策について」は，それまでの政策動向を踏まえ，1872（明治 5）年の「学制」，第二次世界大戦後の改革に続く「第三の教育改革」をめざすものであった。それは，能力主義的な観点から従来の学校体系の見直しとその全面的な改革をアピールするものであり，先導的な試みもいくつか実施されたが，その計画の多くは実現には至らなかった。

　昭和 50 年代（1970 年代後半）に入ると，子どもの遊び型非行の増加，骨格の歪みや体力の低下，家庭内暴力や校内暴力，不登校やいじめの問題など，子どもをめぐるさまざまな問題が深刻化し，これらは教育荒廃として社会的に大きく取り上げられるようになった。このような教育荒廃と学校教育の現状に対する国民の不信・批判の高まりを背景に，1984（昭和 59）年，政府は 21 世紀の日本を展望した教育改革の方針と施策の諮問を目的に，3 年間の時限で，内閣直属の諮問機関として臨時教育審議会を総理府に設置した。臨時教育審議会の発

足は，当時の中曽根康弘内閣総理大臣の主導によるもので，中央教育審議会に代わって改めて「第三次教育改革」が提唱されることになる。そこには「戦後教育の総決算」という意味合いも含まれていた。臨時教育審議会は 4 回の答申を出したが，最終答申において，教育改革の基本視点として，①個性重視の原則，②生涯学習体系への移行，③変化への対応（国際社会への貢献，情報社会への対応）を打ち出し，その後の教育改革の指針となった。

4. 新世紀の教育改革

　臨時教育審議会の答申以降の改革路線のなかで，文部大臣の諮問を受けて，第 15 期中央教育審議会が「21 世紀を展望した我が国の教育の在り方について」を答申した〈第一次：1996（平成 8）年，第二次：1997（平成 9）年〉。答申では，これからの時代に求められる資質や能力は，変化の激しい社会をたくましく「生きる力」であり，今後の教育においては学校・家庭・地域社会全体を通して，「生きる力」を育むことが重要であると説いている。「生きる力」という理念は，その後も教育改革におけるキーワードとして共有されている。

　新世紀を迎えようとしていた 2000（平成 12）年 3 月，小渕恵三首相の私的諮問機関として設置された教育改革国民会議は，同年 12 月に「教育を変える 17 の提案」を最終報告書として後任の森喜朗首相に提出した。

　新世紀となり，小泉政権の後を受けた安倍内閣（第一次）において 2006（平成 18）年 10 月，閣議決定によって設置された教育再生会議がスタートした。これと並行して同年 12 月には「教育基本法」が改正され，それを受けて翌 2007（平成 19）年 6 月に教育三法（「学校教育法」「地方教育行政の組織及び運営に関する法律」「教育職員免許法及び教育公務員特例法」）が改正された。その後，安倍政権の復活にともなって，第二次安倍内閣では 2013（平成 25）年 1 月に私的諮問機関である教育再生実行会議を発足させた。教育再生実行会議では，新たな教育体制を構築し，教育の再生を実行に移すための諸課題が議論され，具体的に道徳の教科化やいじめ防止対策の法制化などが提言されている。

【中山幸夫】

Let's try

1 ペスタロッチ，フレーベル，モンテッソーリ，デューイの教育思想の特質とわが国の教育に及ぼした影響について考えてみよう。
2 子どもの個性を尊重する教育が円滑に行われるための条件について考えてみよう。
3 臨時教育審議会以降の教育改革の動向を整理し，わが国の教育改革が望ましい方向に進んできたかどうかを検討してみよう。

引用・参考文献

ペスタロッチー著，長田新訳『隠者の夕暮・シュタンツだより』岩波文庫，1982 年
黒澤英典『ペスタロッチーに還れ　第 2 版』学文社，2018 年
フレーベル著，荒井武訳『人間の教育』（上・下）岩波文庫，1964 年
リタ・クレーマー著，平井久監訳『マリア・モンテッソーリ：子どもへの愛と生涯』新曜社，1981 年
ジョン・デューイ著，市村尚久訳『学校と社会・子どもとカリキュラム』講談社学術文庫，1998 年
上野正道『学校の公共性と民主主義』東京大学出版会，2010 年
上野正道『ジョン・デューイ　民主主義と教育の哲学』岩波新書，2022 年
新井保幸・上野耕三郎編『教育の思想と歴史』協同出版，2012 年
鈴木理恵・三時眞貴子編著『教育の歴史・理念・思想』協同出版，2014 年
山本正身『日本教育史：教育の「今」を歴史から考える』慶應義塾大学出版会，2014 年
斉藤利彦・佐藤学編『近現代教育史　新版』学文社，2016 年

個性化教育

上智大学名誉教授　加藤　幸次

　人は誰でも，「個性」をもっています。「自分らしさ」と言ってもいいし，「得意なこと」と言ってもいいでしょう。もし「自分らしさ」が発揮できる「得意なこと」を生涯の仕事とすることができたら，そんな幸運な人生はないでしょう。

　「個性」は誰もがもっているのですが，育てていかなければ，個性になりません。したがって，自分の子どもの個性を見つけ，育てることは親の責任でありますが，同時に，学校が果たすべき大切な役割です。個性化と「化」を付けたのはそうした意味です。「自分らしさ」あるいは「得意なこと」を見つけ，育てることは学校の責務です。

　とはいえ，近代学校は 19 世紀末の「帝国主義時代」に設立され始めました。そして，学校は国民としての共通的な資質・能力を育てることに邁進してきました。個性などというものは，一部，エリートには認められても，一般の庶民は「国民」として共通の資質能力を身につけることが期待されてきたのです。今日の公立学校は，「グローバル時代」を迎えて，やっと，個性化教育をめざして，挑戦し始めたばかりと言っていいでしょう。

　では，一体，今日の学校は，何処で，どのように個性を育てることができるのでしょうか。もちろん，個性化教育を自覚した「学習プログラム」を通して育てるべきです。学習プログラムは子どもたちが学習課題や学習方法を「選択・設定」できるものでなくてはなりません。自分が学習してみたいと思う課題が「選べたり」あるいは「自分で決められたり」できることです。同時に，自分が挑戦してみたいと思う方法が「選べたり」あるいは「自分で決められたり」できることです。端的に言えば，自分のやりたいことが自分のやりたいやり方でやれるとき，自分らしさや得意は育つ，と考えるべきです。それはまさに「自由教育」そのものです。「みんな違って，みんないい」のです。

　もとろん，学校という組織的教育機関は基礎的な「自己学習力」を育てねばなりません。また，国語，数学，英語のような基礎的な学力の形成にも責任があります。個性化教育はこうした「自己学習力」や基礎的な学力とのバランスのうえで実践されるものです。

第3章

子どもの発達から
教育を考える

乳児期から児童期の子どもの成長・発達
―心理学の視点から

❶ 発達と教育の関係

　子どもの健やかな発達を願って，大人は保育や教育の取り組みをするが，発達と教育とがどのような関係にあると考えるのかによって，取り組み方は異なる。両者の関係についての代表的考え方は，以下の3つである。

　発達と教育の関係についてのひとつの考え方は，「保育者や教師の仕事は，成熟によって一定の学習準備性（レディネス）ができたところで，それにふさわしい課題を与えることである」というゲゼル（A. Gesell）の考え方である[1]。この考え方では，保育や教育が成熟を超えることはできないことになる。

　それに対して，教育の能動的役割を唱えたのはヴィゴツキー（L. S. Vygotsky）である[2]。彼は，子どもの発達を2つの水準でとらえる。ひとつは「発達の現在の水準」であり，子どもが独力でどれほどの課題を解くことができるかで定義される。2つめは「発達の最近接領域」であり，まだ現実に達成されてはいないが，他者の援助により解決が可能になり，しかもそれを独力での解決にまで発展させていく可能性をもった範囲である。ヴィゴツキーは，教育が影響を与えうる部分として発達の最近接領域に注目し，教育方法の工夫や教材分析への道を開いた。

他方，教育の役割を認めつつも，子どもの能動性に注目するのがピアジェ（J. Piaget）である。[3]ピアジェによれば，子どもは自分のもつシェマ（行動パターンやことば・概念など）を使って外界に働きかけ（この作用を同化と呼ぶ），それに対する外界からのフィードバックに応じて自分のシェマを修正し（調節），そのような同化と調節を繰り返すことによって，外界に即した適切なシェマを構築していくことを発達ととらえている。この際に，容易に同化される状況ばかりであれば，シェマの調節は生じない。かといって，あまりに新奇であり，修正しえないような状況におかれるばかりでは，シェマの調節は生じない。ピアジェの考え方を基にすると，教育においては，ちょうど同化と調節のバランスがとれるように，段階に応じた教材を用意したり，やりとりを工夫したりすることが求められる。

② 知能の発達

1. 知能の発達段階

　知能の発達段階を設定したピアジェは，大きくは，感覚運動的段階から表象的思考段階へと段階が移行すると考えた。感覚運動的段階とは，感覚的に受け取った対象に対して運動的に反応する段階であり，一方，表象的思考段階とは，実際の感覚運動的動作に訴えるのではなく，実物を離れて，いわゆる頭のなかで，思い描いたり，筋道を立てたり，分類したり，関係づけたりするような表象作用による思考段階である。そして，表象的思考段階は，さらに前操作段階（下位段階として象徴的思考段階・直観的思考段階が含まれる）・具体的操作段階・形式的操作段階に分けられる（表3-1）。ピアジェは該当年齢よりも，段階が順序を追って進むという順序性を重視し，年齢区分は目安に過ぎないとしているが，表3-1には，大まかな該当年齢を記している。子どもが学校での学びを開始する7・8歳ごろは，ピアジェによれば，前操作段階から具体的操作段階への移行期であり，児童期の特徴は，具体的に取り扱える事物や事象に関しては論理的に思考できるようになることであるとされる。

表 3-1　ピアジェの知能の発達段階

感覚運動的段階（出生から 2 歳ごろまで）	表象的思考段階（2 歳ごろから）
感覚運動的知能が一応成立するまでの時期 　I　　反射活動 II III　種々の動作型を確立 　　　　動作型を互いに協調させながら，目 　IV　的手段関係において使いこなせるよ 　　　　うになる 　　　　動作型が柔軟になり，試行錯誤的に 　V　　新しい手段の発見が可能になる 　VI　動作的に予期や洞察行動が可能にな 　　　　る	**前操作段階*（2 歳頃から 7・8 歳頃）** 　**象徴的（前概念的）思考段階** 　　（2 歳ごろから 4 歳ごろ） 　　表象的思考段階が始まる。感覚運動的 　　なシェマ**が内面化され始めてイメー 　　ジが発生し，それに基づく象徴的行動 　　が開始。これと同時に，コトバ記号の 　　組織的獲得が急激に前進。 　**直観的思考段階（4 歳頃から 7・8 歳頃）** 　　概念化が進歩。事物を分類したり関連 　　づけたりすることが進むが，その際の 　　推理や判断がいまだ直観作用に依存。
	具体的操作段階（7・8 歳頃から 11・12 歳頃） 　自分が具体的に理解できる範囲のもの 　に関しては，論理的な操作によって思 　考したり推理したりできるようになる。
	形式的操作段階（11・12 歳頃から） 　青年期に入るとともに，仮説演繹的な 　かたちで推理することが可能になり， 　場合によっては結果が現実と矛盾して 　も可能性の文脈においてものを考える 　ことができるようになる。その際，思 　考の対象となるのは，現実そのもので 　はなく，命題である。

*前操作段階：下位段階として，象徴的思考段階と直観的思考段階が含まれる。
**シェマ：「自分が引き起こせる行動の型」「行動を可能にしている基礎の構造」を指す概念。乳児がスプーンを口に持っていくのは，こういうシェマをもっているからである。手を閉じたり，開いたりというのもシェマと考えられる。シェマには，動作的なものだけではなく，イメージや概念も含まれる。

（出所）岡本夏木「ピアジェの知能の発生的段階説」村井潤一編『発達の理論─発達と教育・その基本を考える─』ミネルヴァ書房，1977 年，および市川功『ピアジェ思想入門─発生的知の開拓─』晃洋書房，2002 年より作成。

　なお，ピアジェは，課題の領域を問わず一般的全体的に発達が進むと考えたが，これへの批判もある。たとえば，大人といえども，すべての人がすべての領域で形式的操作段階に達するわけではなく，同じ人でも領域によって有能さが異なる（これを領域固有性と呼ぶ）ことが指摘される。

2. 知能のとらえ方

　ピアジェは知能を同化と調節のバランスからとらえ，発達段階をシェマの特徴の違いにより設定したが，知能のとらえ方は，研究者によりさまざまである。一般的・基本的な知能と個別的・特殊的な知能との2種類があるとしたスピアマン (C. Spearman) の2因子説[4]，知能とは8ないし10の比較的独立した知的機能から構成されていると唱えたサーストン (L. L Thurstone) の多因子説[5]，知能とは情報処理機能であるという考えから，内容・操作・結果 (所産) の3側面から構成されるとしたギルフォード (J. P. Guilford) の知性構造モデル[6]などがある。こうした知能のとらえ方は，必ずしも教育との関連を含みこんでいないが，キャッテル (R. B. Cattell) は，スピアマンと同様に2種類の知能を考えるものの，文化的・教育的環境の影響を受けて発達し，経験の結果として結晶する結晶性知能と，文化や教育の影響が比較的少なく，新しい場面に臨機応変に対応する流動性知能との2種類を提唱した[7]。

　さらに，文化 (保育や教育もそこに含まれるだろう) との関連に言及しているのは，ガードナー (H. Gardner) である[8]。ガードナーは，知能を「情報を処理する生物心理学的な潜在能力であって，ある文化で価値のある問題を解決したり成果を創造したりするような，文化的な場面で活性化するものである」と考え，8つの比較的独立した知能が存在するという多重知能理論を提唱した。すなわち，言語的知能 (話しことばや書きことばの知覚や生産にかかわる)，論理―数学的知能 (数や因果・抽象化・論理的関係を用いたり，理解する)，空間的知能 (視覚的・空間的情報を知覚し，その情報を用いたり，イメージとして再現する)，音楽的知能 (音による意味の創造・交流・理解)，身体的知能 (体を使って問題解決をしたり，創造したりする。例：スポーツやダンスなど)，個人間知能 (他者を理解し，その知識を社会でうまくやっていくことに使う)，個人内知能 (自分を理解する)，博物的知能 (自然界を理解し，そこでうまくやっていく) の8つである。今日の学校では，言語的知能や論理―数学的知能が重視されがちだが，日々の学習活動のありようを考えたとき，8つの知能の存在，そして重要性は納得のいくものだろう。この8つのうちの自分の得意な知能を発揮することが重要であると考えれば，

たとえば，遠足の経験をまとめて他者に伝える際に，作文にしてもよし，絵に描いてもよし，歌を作ってもよし，身体的パフォーマンスもよしということになる。もっとも，ガードナーは，これらの知能はおのおの独立してはいるものの，別々にめざされるべき目標ではないと考える。作文を書くことは言語的知能にかかわる活動であることはもちろんだが，支離滅裂なことを書いては理解されないという点では論理—数学的知能が関係するし，個人間知能（読み手が誰であるかにより，どのように書くのかを調整する必要がある）や個人内知能（自分は何を伝えたいのかを明確にする）もかかわってくる。また，運動会でダンスを踊る場合も音楽的知能や運動的知能はもちろんのこと，空間的知能（クラス集団のどの位置にいるのか，運動場をどう移動するのか）や論理—数学的知能（リズムをとるには，音楽的知能とともに，数にかかわる知能も必要である）などが不可欠である。この多重知能理論に基づけば，苦手な活動にいやいや取り組まなくても，好きな活動に取り組むことで，得意な知能を伸ばすとともに，多様な知能の発達が促されると考えられるのである。

③ 仲間集団のなかでの学び

　幼児期から児童期への移行においては，ピアジェの発達段階にあるように，知的な面での段階移行の時期であるが，同時に，子どもたちは，学校という社会的な制度へと移行する時期でもある。

　エリクソン（E. H. Erikson）は，生涯を8つの時期に分けた心理社会的発達段階論のなかで，第4段階の児童期に取り組まれる課題をインダストリー（industry：勤勉性）とした。[9]子どもは，児童期に，社会が提供する何らかの形態の学校教育を受け，将来の労働に必要な技術的および社会的な基本原理を学習するという。児童期の生活の舞台は学校である。エリクソンは，学校のなかで，計画され予定された手続きのなかでの協同のルールにも適応した，適格な活動ができるという基本的感覚を勤勉性とした。一方で，すべてにおいて，適格な活動ができるとは限らない。〈うまくやっていける〉という基本的感覚を獲得できな

かった場合，子どもは劣等感を抱くことになる。

　知的発達や技能の発達を促す場としては，園や学校のほか，塾やおけいこ事の場などがある。知識や技能の獲得だけをめざすのであれば，こうした場を利用することが効率的かもしれないが，園や学校の存在の意味は別のところにある。では，園や学校と，それ以外の場との違いは，何かといえば，それは，ともに学ぶ仲間集団の存在の有無であろう。園や学校の仲間集団というのは，不特定の子どもがたまたま集まっているだけというのとは異なる。たとえば，スイミングスクールに通っている子どもも，コーチからの一対一の指導ではなく，何人かの子どもとともに指導を受けている。しかし，スイミングスクールにおける場合，その子どもたちの集まりを仲間集団とは呼ばない。つまり，子どもたちは，他児がどれだけ上手になったかということにはあまり興味がないし，自分が上手になったことを他児に認めてほしいとは思っていないだろう。それに対して，園や学校において，子どもは，仲間がどれくらいできるか，上手になったかを気にするし，自分がどこに位置づくのかも気になる。単に，何かができる・知っているだけではなく，それが仲間集団にどう位置づくのかが重要なのである。このことが，仲間との共同作業や競争を可能にする。仲間と同じようにやっていける，仲間から認められているという感覚は，知的発達や技能の発達を超えて，子どもの自我の育ちを考えていくうえでも重要である。もっとも，仲間の存在は，プラスの側面ばかりではない。仲間に受け入れられていないと感じるとき，仲間がいるからこそ劣等感を抱き，家では取り組むのに，園や学校では取り組めないこともありうる。互いに認め合える仲間集団づくりが保育者や教師の重要な役割だろう。

④ 保育・教育の場でのコミュニケーション

1. 課題設定の重要性

　ヴィゴツキーは，教育活動の性格と子どもの知能の発達との間の関連に基づいて，子どもが自分自身のプログラムにしたがう3歳までの自然発生的学習と，

子どもが学校で教師について学ぶ時に生じる反応的タイプの学習とを区別した。[10)]
そして，3歳以降の就学前期にみられる教育の過程や変化は，子どもが自然発生的タイプから反応的タイプへと移行していくことによって特徴づけられるとした。

　乳幼児の子育てにおいて，養育者はさまざまな試み（いないいないばあをしたり，積み木や絵本を買って来たり）を行う。こうした試みを広義の教育とするなら，これらの教育が成立するためには，子どもにより選択されることが必要である。この時期の大人の役割は，子どもが選んだ課題（たとえば，子どもが「ア，ア」と言いつつ遠くを指さす）に対して，適切に対応する（「あ，ワンワンだね」と答える）ことだろう。それに対して，3歳ごろになると，反応的タイプの学習，つまり大人の意図した課題に子どもが取り組むことが可能になる。もちろん，小学生に対するように，保育者が「今から，遠足の時の絵を描きましょう」と言っただけで，子どもが「ハーイ」と言って，描きだすわけではない。しかし，保育者が「きのうの遠足は楽しかったね。先生は，お弁当を食べるところと，ゾウさんを見たところが楽しかった。それで，とっても楽しかったから，絵を描きたいと思うんだけど，みんなはどうかしら？」と問いかけると，たいていの子どもが「描きタイ」と答えるようになる。この時，「描きマス」ではなくて「描きタイ」と答えることが特徴であり，保育者の意図した課題が，最終的に子どもが選んだ課題となることが重要である。ここでいう課題には，いわゆる勉強的なものだけではなく，遊びや生活習慣も含まれる。なお，こうした課題の共有過程においては，コミュニケーションが重要な役割を果たす。

2. 一次的ことばと二次的ことば

　子どもは，家庭において，養育者の働きかけを通して，コミュニケーション面での第一の社会化を経験する。社会化とは，子どもやその社会の新規参入者が，社会で必要とされる価値や知識・技能などを獲得することによって，その社会集団の有能な一員となる過程をいう。養育者はある社会集団の構成員であるので，子どもは，養育者とやりとりすることにより，その社会集団のコミュ

ニケーション様式を身につけることになる。しかしこのとき，その家庭独自の
コミュニケーションのとり方もともに学ぶ。この家庭内のコミュニケーション
をより一般性の高い様式にしていく契機は，養育者以外の人とコミュニケーシ
ョンをとることだろう。

　養育者以外にも，きょうだいや祖父母，近隣の人たちが子どもと多様な関係
を結び，コミュニケーションを結ぶが，さらに，園や学校という家庭外の生活
の場に参入していくことは，子どもに新たなコミュニケーションの世界を開く。

　岡本夏木は，幼児期のことばを「一次的ことば」と呼び，学校生活の開始と
ともに重要となることばを「二次的ことば」と呼んだ。[11] 一次的ことばは，具体
的な事柄について，状況の文脈に頼りながら，親しい人と直接対話によって展
開する言語活動であるという。一方，二次的ことばは，一次的ことばとは大き
く異なる4つの特徴をもつ。第一に，ある事柄について，それが実際に起こる
現実場面を離れたところで，間接的にそれについてことばで表現することが求
められるため，ことばの文脈に頼るしかない。第二に，自分と直接交渉のない
不特定多数の人たちに向けて，さらには抽象化された聞き手一般を想定してこ
とばを使うことが要求される。第三に，自分の側からの一方向的伝達として行
われ，話の筋は自分で調整しなければならない。そして，第四として，書きこ
とばが加わる。

　学校生活の開始にあたって，養育者も教師も書きことばの獲得に注目しがち
である。しかし，学校における学び（あるいは程度の差はあれ，園における学び）
においてつまずきを抱える子どもについては，書きことば以外にも二次的こと
ばの特徴の理解・獲得において戸惑いや困難を抱えていないかどうかについて
検討することが必要となる。

3. 教室コミュニケーション

　教育場面（幼児期の保育場面も含めて）をコミュニケーションという視点から
とらえる際には，大きく2つの側面に分けることができる。ひとつは，教授行
動としてのコミュニケーションであり，もうひとつは，コミュニケーション面

での教室ルールである。前述の二次的ことばは，教授行動としてのコミュニケーションに関連する指摘といえる。一方で，教室での学習場面の成立を可能にする教室ルールも重要である。園や学校におけるコミュニケーションの特徴のひとつは，大勢の子どものなかのひとりとしてコミュニケーションに参加するということである。そして，この参加を可能にするために，教室でのコミュニケーションルールがあり，これに違反すると，たとえ答えは正解であっても，教師あるいは仲間から注意を受けることがある。こうした教室ルールは，通常の教科内容に対するカリキュラムのように明文化され明示されることはないものの，教室内での学びを支えていることから，潜在的（隠れた）カリキュラムと呼ばれることもある（潜在的（隠れた）カリキュラムについて詳しくは第7章参照）。

　代表的な教室ルールとしては，一度に話すことができるのは一人だけ，教師の指名を無視して発言すれば正しい答えを言っても教師に受け入れられない場合がある，などのルールが指摘されてきている（コラム：事例〈挙手―指名のルール〉違反，p.37）。

　事例では，学校においてよくみられる挙手―指名ルールが，園においても用いられていることがわかる。園では，乳児クラスを中心として，保育者の問いかけにクラス全員の子どもが答えるということがよくある。この場合は，1対大勢のコミュニケーションではなく，保育者と一人ひとりの子どもとの1対1のコミュニケーションが寄せ集まっていると考えてよい。それに対して，子どもの年齢が高くなるにつれて，保育者は自分の問いかけに答える子どもをひとりずつ指名するようになる。そして，このことを子どもも理解していく。この保育者は，学校生活の準備をしているつもりはないだろうが，結果として，学校での集団における学びの準備となりうる。大勢の子どもがいるなかで，ある子どもに発言してほしいと思うと，このようなルールが必要になる。

　ところで，指名されない子どもは，その場のコミュニケーションに参加していないかというと，そうではない。指名された子どもは，その子ども自身であることはもちろんのこと，クラス全体を代表する存在として発言することが期待される。このことは，小さな声の発言者に対して，保育者が「もう一度大き

な声で，みんなに聞こえるように言って」と再発言を促すことからわかる。5歳児クラスになると，他児からも「聞こえない」という発言があったりして，指名された子どもを自分たちの代表ととらえていることがわかる。そして，指名されていない子どもは，指名された子どもと保育者あるいは教師とのやりとりに間接的に参加し，〈今発言したユウちゃんの答は自分と同じ（異なる）〉と比較し，さらに，保育者・教師の応答から〈自分の考えたことは合っている（間違っている）〉ということを理解する。コラムの事例のテツヤはこうしたコミュニケーションへの間接的参加ができず，直接的に答えてしまい，注意されたといえる。

【藤崎春代】

1　あなたの考える「頭の良い人」とはどのような人か。周囲の人にも，同様の質問をしてみよう。それらの考えは，本章で紹介した知能についての考え方のどれに近いだろうか。
2　人は，場によって，相手によって，異なる特徴をもったコミュニケーションをしている。家族，友人，先生，アルバイト先の上司などとのコミュニケーションを振り返って，比較してみよう。

注

1）Gesell, A., Thompson, H., & Amatruda, C. S., *Infant behavior: Its genesis and growth*, McGraw-Hill, 1934.（新井清三郎訳『小児の発達と行動』福村出版，1982 年）
2）Vygotsky, L. S., *Thought and language* (in Russian), 1934.（柴田義松訳『思考と言語』新読書社，2001 年）
3）Piaget, J., *La naissance de l'intelligence chez l'enfant*, Delachaux et Niestle, 1936.（谷村覚・浜田寿美男訳『知能の誕生』ミネルヴァ書房，1978 年）
4）Spearman, C., General intelligence, objectively determined and measured. *American Journal of Psychology*, 1904, 15, 201-293.
5）Thurstone, L. L., Primary mental abilities. *Psychometric Monographs*, 1938, No. 1.
6）Guilford, J. P., *The nature of human intelligence*, McGraw-Hill, 1967.
7）Cattell, R. B., *Personality*, McGraw-Hill, 1950.（斉藤耕二・レイモンド，B. キャッテ

ル改訳『パーソナリティの心理学』金子書房，1981 年）

8）Gardner, H., *Intelligences reframed: Multiple intelligences for the 21st century*, Basic Books, 1999.（松村暢隆訳『MI：個性を生かす多重知能の理論』新曜社，2001 年）

9）Erikson, E. H., *The life cycle completed: A review*, W. W. Norton & Company, 1982.（村瀬孝雄・近藤邦夫訳『ライフサイクル，その完結』みすず書房，2001 年）

10）Vygotsky, L. S., 1935.（柴田義松訳　就学前期の教育と発達，『思考と言語　上』明治図書，1962 年）

11）岡本夏木『小学生になる前後―五～七歳児を育てる（新版）』岩波書店，1995 年

〈挙手─指名のルール〉違反

昭和女子大学大学院生活機構研究科特任教授　藤崎 春代

5歳児クラスの5月の製作保育の開始時。

保育者①：（全員に向かって）ちょっと聞いてみよ。言わないでね。
　　　　　（トシオに向かって）トシちゃん，何のために望遠鏡作るんだっけ。
トシオ①：探検に行くため。
テツヤ①：（挙手して）わかった，はい，はい
保育者②：（テツヤに）トシちゃんに聞いてるんですけど。
　　　　　（トシオの方を向いて）どこに探検行くんだったっけ。
トシオ②：〈答えない〉
他児（多数）①：「知ッテル。知ッテル」
テツヤ②：（保育者に）八幡神社だっけ。
保育者③・他児（多数）②：えー。
他児（多数）③：（挙手しながら）はい。はい。
保育者④：じゃ，はい，マサトくん。どこに探検に行くんだっけ。
テツヤ③：すずめのお宿公園だった。
ヒロキ①：（テツヤに）教えないの。
保育者⑤：マサトくんに聞いているんですけど。テツヤくんはマサトくんですか。（マサトの方を向いて）どこに行くの。

　保育者は，当日の製作活動が，後日に予定されている園外活動につながることを確認したいと考えた。確認にあたって，トシオをまず指名した（保育者①）。トシオ，そして次に指名したマサトは，保育者にとって少し気になる子どもであり，二人が望遠鏡づくりを後日の園外活動につながるものとして理解しているのかどうか確認したかった。トシオが答えるのとほぼ同時に，テツヤ①の発言がなされる。挙手をしてから発言するというルールを自ら持ち込んだテツヤだが，そのルールよりも優先される〈保育者からの指名〉がすでに他児になされていたので，そのことを保育者②は指摘する。他児は，答えがわかっていてもすぐに答えるのではなく，「知ッテル。知ッテル」と発言して自分が答えを知っていることをアピールするものの（他児（多数）①），答えそのものは言わない。挙手をして，さらに指名されて，始めて答えを述べることが出来るということを理解しているからだろう。

第4章

乳幼児施設における
「教育」と「ケア」をめぐって
子育てのイデオロギーとの関連から

　「保育」は，「Early Childhood Education and Care」と表現されるように，乳幼児に対する「教育」と「ケア（養護）」がともになされる営みである。それは乳幼児が，生活全般にわたって他者のサポートを必要とする存在であると同時に，将来の国家を担う人材として教育される存在でもあるためである。この点から考えれば，前章で触れた〈挙手―指名のルール〉における保育者の働きかけは，将来の学校生活に備えた「教育」に重点をおいた活動といえるだろう。乳幼児施設での「保育」は，このような「教育」と一人ひとりの子どもの命や生活を支える「ケア」が混じりあいながら同時に展開されているのである。本章では，この「教育」「ケア」という2つの機能を中心に，乳幼児期の子育てのあり方について考えていく。

① 乳幼児施設における「教育」と「ケア」

　日本の乳幼児施設は，近代化の進む明治期において，幼稚園は裕福な家庭の子どもの幼児教育施設として，保育所は保護者が働かなくては生活できない家庭の就労支援施設としてそれぞれ誕生した。両者はともに乳幼児を対象とした施設であったものの，こうした設立の経緯の違いから，文部科学省の所管する「教育」機関である幼稚園と，厚生労働省管轄の「ケア」を担う児童福祉施設

である保育所からなる二元体制が維持されてきた。

　しかし、この二元体制は、2006年度に開始され、2015年度から「子ども・子育て支援新制度」において本格実施された「認定こども園」によってその姿を大きく変えることとなった。この「認定こども園」は、「就学前の子どもに幼児教育・保育を提供する」ことが期待されており、従来幼稚園・保育所が別々に担ってきたとされる「教育」「ケア」機能を併せもつ「幼保一元化施設」として位置づけられるものである。この新たな施設の登場によって、日本の乳幼児施設・制度は新たな段階に入ったといえる。

　そして、こうした乳幼児施設の変化を捉える際に重要になるのが、「親（保護者）」の存在である。近代日本の乳幼児施設は基本的に、子育てをする家庭や親の状況とそこから生じるニーズに基づいて保育を提供している。したがって、すべての保護者が家庭内で子育てをすれば施設は不要となり、反対に、就労する保護者や教育に関心の高い親が増えれば施設に対してさまざまな活動を期待することになる。つまり、親の子育ての仕方によって、乳幼児施設のあり方は大きく変わることになるのである。

　さらに述べると、一人ひとりの親の考え方や決断・判断の背後には、自らの行動を決める際に参照する子育てに関するイデオロギー（人々が共有し、前提としているあるまとまりをもった考え方・観念体系）が存在している。例えば、「子育ては○○が担うべきだ」「子どもは△△のような場所で育つのが望ましい」といった考え方がそれに当たる。乳幼児施設のあり方を考える際には、こうした子育てのイデオロギーの把握が必要不可欠となるのである。

　これらの認識を踏まえ、本章では、日本における乳幼児施設の変化について、子育てに関するイデオロギーとの関係からみていく。さらに、それをもとに、乳幼児施設の2つの機能である「教育」「ケア」が対立する場面の検討を通じて、これからの施設のあり方を考えるための材料を提供したい。

② 乳幼児の子育てに関するイデオロギーと乳幼児施設

　日本の乳幼児施設である幼稚園・保育所は，近代における「家族」のあり方と深い関わりをもっている。本節ではとくに，家族・子育てに関するイデオロギーとの関わりから，幼稚園・保育所の成立とその後の変遷について概観する。

1. 子育てに関するイデオロギー――「近代家族」と「母性神話」

　「古き良き家族による子育て」と聞いて，どのようなイメージを思い浮かべるだろうか。おそらく，若い男女が恋愛を経て結婚し，父親が仕事をして家族を養い，母親が家事や子育ての中心的な担い手となって，2人の間に産まれた子どもを一人前になるまで育てる……というものではないだろうか。

　こうした家族の姿はもちろんイメージの上でのものであり，現実の家族がすべて当てはまるわけではない。ただ，私たちはそうした家族像を，一定程度共有している。ここで挙げた「男は仕事，女は家事・育児」といった性別に応じて役割分担をする「性別役割分業」，恋愛を経て生涯をともにするパートナーと婚姻する「ロマンティックラブ・イデオロギー」，家族の絆を重要視する「家庭イデオロギー」といった特徴をもつ家族像のことを「近代家族」という。先に「古き良き」という言葉を用いたが，この家族像が日本において広く認識されるようになったのは，実はここ数十年ほどのことでしかない。

　そして，この「近代家族」という家族像のなかでもとくに，乳幼児期の子育てのあり方に深くかかわるのが「母性神話」である。「母性神話」はその内容によって，次の4つに整理できる。それが，①子どもを産んだ女性には育てる能力が備わっているとする「産む能力イコール育てる能力」説，②乳幼児期は母親の愛情が不可欠であり，母親が育児に専念しないと子どもが寂しい思いをし，将来的にも取り返しのつかない傷を残すという「三歳児神話」，③母親は慈愛と安らぎの象徴として人々が思慕する拠り所であるとする「聖母」説，④母親として子どもを産み，育てることが人間的な成長につながるとする「母親イコール人間的成長」説，である。[1]すなわち，女性は生まれつき子どもを育て

る能力（母性本能）が備わっており，母親となった女性は「聖母」のような愛情を備え，子どもを育てることによって人間的にも成長できる。さらに，3歳までの幼い子どもは，母親に育てられないと傷を残すことになるため，子育てにおいて母親が離れることは許されない……という考え方である。

　この「母性神話」は広く人々に浸透することによって，女性たちに「母親」となること，「良き母親」として生きることを促した。また同時に，家庭内での子育てを理想的なものとして描くことによって，乳幼児施設には「家庭内での母親による育児」の代替手段という役割が期待されることとなった。

2．子育ての場としての家族と乳幼児施設の二元体制

①　明治期における幼稚園・保育所の誕生

　日本における「母性神話」のはじまりは，明治時代の「良妻賢母」規範にまでさかのぼる。近代国家の成立期である明治初期には，1871年の戸籍制度，1872年の「学制」の導入等を通じて，家族や学校の制度がつくられた。このなかで女性は，将来の国民である子どもを育てる良き妻や賢い母としての役割が求められるようになった。家族による子育てという営みは，近代国家の発展を支えるものとして位置づけられたといえる。

　そして，この「良妻賢母」という規範は，幼稚園・保育所の成立と深く関連していた。例えば，1876年に創設された日本初の幼稚園である東京女子師範学校附属幼稚園（現在のお茶の水女子大学附属幼稚園）は，欧米の「kindergarten」をもとに作られた幼児向けの教育機関であると同時に，女子教育の場としても位置づけられていた。つまり，創設時の幼稚園は幼児の教育の場としてのみならず，保育者の養成を通じて善き母を育てる役割が期待されていたのである。

　一方，保育所は，生活や労働に追われる家庭のニーズに応える形で，1870年代頃から各地で誕生・普及していった。貧困家庭の救済，とくに保護者の就労支援の一環として必要とされていたことから，「家庭内での母親による育児」というあるべき姿から外れた家庭に対する代替手段とされた。

このように，子育てにおける家族を重視するイデオロギーのもと，幼稚園は女子教育の場であると同時に家庭教育を補う「教育」機関として，保育所は貧困層の就労支援を担う「保護・養護」施設として設立された。両施設は，「家庭内での母親による育児」という家族の機能を補い代替する施設として誕生したのである。

② 第二次大戦後における家族・社会の変化と乳幼児施設

その後の第二次世界大戦以後においても，幼稚園・保育所は「家庭における母親による育児」というイデオロギーとともに展開していった。ここでは，図4-1・4-2に基づいて，子育てのイデオロギーと幼稚園・保育所の発展との関連を確認しておこう。

第二次世界大戦終結後の日本は，男性の復員によってベビーブームを迎えるとともに，戦争を通じて母子家庭や貧困家庭が大量に生まれたことにより，保

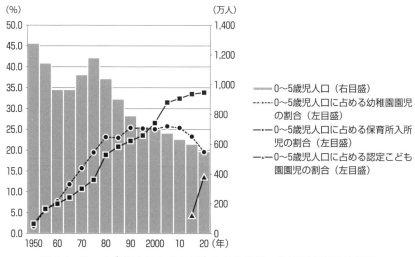

図4-1　0〜5歳児人口とそれに占める入園児・入所児の割合の推移

(注) 1. 2007〜2014年の幼保連携型認定こども園の園児数は公開されていない。
　　 2. 2009年以降の保育所入所児童数は調査方法等の変更による回収率変動の影響を受けている。
(出所) 文部科学省「学校基本調査」，文部省『幼稚園教育百年史』，厚生労働省「社会福祉行政業務報告」，総務省「国勢調査」，「都道府県の認定こども園の数の推移」(こども家庭庁HP)より作成。

育施設への需要が高まった。1940年代後半からの10年間は，数値としてはわずかであるが，幼稚園入園児数よりも保育所入所児数の方が高い値を示しており，経済的に困窮した当時の時代状況がうかがえる。

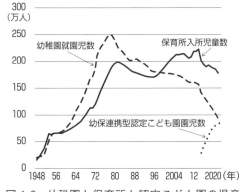

図 4-2　幼稚園と保育所と認定こども園の児童数の推移

（注・出所）図 4-1 に同じ。

その後，日本が高度経済成長を果たす 1950 年代後半から 1970 年代後半にかけては，幼稚園就園者数が飛躍的に増加する。これらの幼稚園就園児の増加を支えたのは，3歳まで子どもを家庭で育て，また，1日4時間程度の教育時間の前後に子どもを家庭から送り出し，迎えることのできる専業主婦の存在であった。サラリーマンと専業主婦からなる「近代家族」像の定着が，幼稚園の普及・発展を促したのである。

1980 年代になると，1970 年代より生じたフェミニズム（女性解放運動）の流れを受け，「近代家族」や子育てに関するイデオロギーに変化がみられるようになる。例えば，フェミニズム運動では，「母性神話」が女性の生き方を制限するものとして批判され，家庭内の家事や育児を女性の役割とするあり方が見直されていった。1985 年に制定された男女雇用機会均等法は労働の機会や待遇の性別による違いをなくすことを目指したものであり，女性の社会進出を促すものとなった。こうした変化を受けて，1980 年代後半には幼稚園数は頭打ちとなり，その後は緩やかな減少傾向を示すようになる。ただその一方で，従来の近代家族を維持しようとする動きも存在はしていた。

③　1990 年代以降の家族・社会の変化と乳幼児施設

1990 年代に入ると，女性の社会進出はさらに進み，離婚率の増加やライフスタイルの変化にともなう家族の多様化がみられるようになる。加えて，以前

より進行していた少子化が，1989年のいわゆる「1.57ショック²⁾」を契機として社会問題化したことから，「少子化対策」の名のもと，幼稚園・保育所もさまざまな子育て支援策に取り組むようになった。そのなかで，0〜5歳児人口に占める保育所の入所者割合ならびに入所児数は，1990年代から2000年代にかけて増加の一途を辿ることとなる。

　この状況を受けて厚生省（当時）は，1998年の『厚生白書』において，従来の「家族像」からの転換を以下のように示している。

　　母親が育児に専念することは歴史的に見て普遍的なものでもないし，たいていの育児は父親（男性）によっても遂行可能である。また，母親と子どもの過度の密着はむしろ弊害を生んでいる，との指摘も強い。欧米の研究でも，母子関係のみの強調は見直され，父親やその他の育児者などの役割にも目が向けられている。三歳児神話には，少なくとも合理的な根拠は認められない³⁾。

　つまり厚生省は，「母性神話」のひとつである「三歳児神話」に根拠がないことを明言し，子育てを担うという母親役割が歴史的に作られたものであることを提示したのである。乳幼児施設の制度の前提となっていた「神話」を公的に否定したこの記述は，従来の子育てに関するイデオロギーの転換を示す象徴的な出来事となった。

　こうした社会的・政策的変化を受け，1990年代以降，幼稚園と保育所の二元体制は揺らぎの時期を迎えることになる。具体的には，保育所の「ケア」機能は預かり保育（教育課程時間外の長時間保育）という形で幼稚園にも求められるようになり，併せて，幼稚園・保育所はともに，保護者を対象とした子育て支援活動を担うようになった。こうした動きが積み重なることによって二元体制の基盤は徐々に崩れていき，幼稚園も保育所もともに「教育」「ケア」を担うという，実質的な機能面での「幼保一元化」が成立していった。そしてこれが，2000年代における「認定こども園」の創設に結びついていく。

③ 「教育」「ケア」をめぐる論点

　2000年代になると，幼稚園・保育所がともに「教育」「ケア」機能を果たす認定こども園が創設されたが，この社会的・制度的な変化のなかで，乳幼児施設のあり方についての新たな論点が生じた。そのひとつが「教育」「ケア」行為をめぐる議論であり，もうひとつが「教育」「ケア」の分離を超えて誰が子育てを担うのか，という担い手に関する議論である[4]。

1.「教育」「ケア」概念をめぐる葛藤

　ここではまず，「教育」「ケア」という概念の特徴を確認するとともに，その対立構造から生じる葛藤についてみていく。

　まず，乳幼児に欠かせない「教育」は，教育をする側の意図や行為を中心とした概念であるとされている[5]。例えば，学校や家庭において教師や親は，「あなたのためを思って」「良かれと思って」さまざまな働きかけを行うが，その際に教育を受ける側である児童生徒や子どもの意思は必ずしも問われない。そこには教育の担い手を主体とする考え方が存在しているためである。一方，乳幼児施設のもうひとつの柱である「ケア」については，その中心的役割を担うのは要求・ニーズを表明する「当事者[6]」であるとされている。介護においては高齢者が，介助においては障害者が，幼稚園・保育所における保育においては乳幼児が「当事者」であり，「ケア」の中心的な存在として位置づくことになる。こうした前提に立つと，二元体制を超えた乳幼児施設における「教育」「ケア」の実施の際には，常に「教育をする」「ケアを受ける」存在同士の葛藤は避けられないことになる。果たして「教育」「ケア」という2つの行為の対立を超える論理はあり得るのだろうか。

　この点について考える際には，特別支援教育における「教育」と「支援」に関する議論が参考になる。特別支援教育における「特別な支援」は，制度上は教育とは分離されたプラスαの概念とされている。ただ，重度障害および重複障害児に対する実践場面では，「支援」概念を「教育」と分離させることが困

難であることから，支援が教育に「内在する（教育的営みそれ自体を「支援」として置き換える）」ことが指摘されている[7]。

　ここでの，健常者である教育者と，教育・支援の対象者である障害児の構図は，そのまま保育者と乳幼児との関係に置き換えてとらえることが可能である[8]。保育者による一つひとつの行為が，子どものニーズに沿った「ケア」であるのか，異なる文化を構築していく可能性のある子どもを特定の方向に向けさせる「教育」であるのかは，簡単に切り分けることはできない。幼稚園・保育所という二元体制を超えた新たな「幼保一元化施設」が創設された現代だからこそ，改めて「教育」と「ケア」を含みこむ「保育」を理解するための論理が必要とされているといえる。

2.「教育」「ケア」の担い手をめぐる葛藤──誰が子育てを担うのか

　もうひとつは，「教育」「ケア」の担い手をめぐる論点である。それは「教育の私事化」[9]と「子育ての社会化」（＝育児領域における「ケアの社会化」）という2つの流れのなかに見出せる。

①　教育の私事化

　1990年代以降，政策的にも社会的にも「家庭が大事だ」という風潮とともに家庭教育への期待が高まっており，各家庭の保護者が子どもにどのような教育環境を用意するかに強い関心が寄せられる「教育の私事化」現象がみられるようになっている。親は自らの要求を教育機関に突きつけるようになっており，教育機関はそれらに対応することに追われる事態となっている。

　そしてこうした傾向は，幼児教育の世界ではとくに顕著にみられる。現代日本の幼児教育の特徴のひとつが，各家庭の経済状況や文化，保護者の意識等によって規定される面が強いこと，もうひとつが，乳幼児施設が市場競争のなかに存在すること，であるといわれる。とくにひとつめについては，「家庭教育はもちろん，幼稚園選びや第四の教育の場である幼児教育産業でも，そのどれを購入し子どもに与えるかについては，子ども自身よりも保護者の意向が強くなり，保護者自身の価値観や意識によって左右される傾向が強い」[10]ことが指摘

されている。

　実際，入園者数が園の財政に直結する私立幼稚園においては，保護者にいかに選ばれるか，保護者のニーズにどれだけ応えられるかが関心の的となっている。また，保育所においても，保護者の教育に対するニーズを反映する形で，小学校での学習活動を見据えた教育活動に取り組む園が出てきている。幼稚園・保育所では，「教育の私事化」の流れのなかで保護者のニーズや要求に応えることが一つの課題となっているのである。

②　子育ての社会化[11)]

　乳幼児施設のもうひとつの機能である「ケア」にも変化が生じている。それが，育児を各家庭の保護者だけが担うのではなく，社会で負担を分け合おうとする「子育ての社会化」(＝育児領域における「ケアの社会化」)の動きである。1990 年代以降，少子化対策が社会的な課題となるにつれて，幼稚園・保育所も子育て支援施設としての役割が期待されるようになったことも，「子育ての社会化」へと結びつくものといえる。

　しかし，この状況について，少子化対策に関する政策や子育て支援者達への聞き取り調査データを分析すると，意外な事実が見えてくる。「次世代育成支援」や「社会の責任」といった「子育ての社会化」を謳う政策の文言の前提には[12)]，親の子育ての責任を強調する戦略が存在しており，また，現場の子育て支援者たちも活動のなかで，育児の責任を再度家族に戻そうとする「育児の再家族化」を行っていることが明らかとなったのである[13)]。つまり，「子育ての社会化」として行われる子育て支援活動の前提には，家族による育児という規範が存在していたといえる。

　したがって一見，一方は公から私 (「教育の私事化」)，もう一方は私から公へ (「ケアの社会化」) と逆方向に進んでいるようにみえる 2 つの動きは，実は「家族による育児」を共通の基盤として展開されていたのである。

❹ 子育ての当事者をめぐって

　本章で見てきたように，近代日本における子育てのイデオロギーは，「母性神話」「三歳児神話」の影響を強く受け，「家庭で母親が子どもの育ちに関わるすべての行為を担うこと」を望ましいものとしてきた。こうしたイデオロギーのもと，日本の乳幼児施設である幼稚園・保育所も，「教育」「ケア」を担う家族の補完・代替の施設として発展を遂げてきた。

　しかし1990年代以降，女性の社会進出や家族の多様化といった社会変化のなかで，少子化対策の一環として「乳幼児施設で幼稚園教諭・保育士が教育・ケアを担うこと」を推進する考え方（子育ての社会化）が登場し，乳幼児施設の機能も変化の時期を迎えている。

　ここで生じた従来の二元体制を超えた「幼保一元化」という動きは，「家族／教育の場としての幼稚園／ケアを担う保育所」の関係を変化させると同時に，「教育」と「ケア」との対立・葛藤が生じる契機ともなっていた。

　これまでの議論を踏まえ，再度「幼保一元化」をめぐる動きをとらえ直してみると，子育てに関する重要な視点が欠落していることに気づく。それは，子育ての「当事者」の視点である。「幼保一元化」をめぐる対立から確認できたことのひとつに，「教育」と「ケア」をめぐる対立構造があった。子育てという現象においては，子育てをされる側／する側の二重のニーズが常に存在している。しかし，本章でみたように，「教育の私事化」「ケアの社会化」のいずれの現象においても，「教育」と「ケア」のニーズを有し，かつこれらの現象を支えていたのは保護者という存在であった。1990年代以降の状況をみる限りでは，子育ての主役は「保護者」であるようにみえる。

　これらの子育ての主役・当事者の考え方については，2015年度に導入された「子ども・子育て支援新制度」において変化の兆しが見られる。「新制度」では，認定こども園・幼稚園（一部の私立幼稚園を除く）・保育所に入所する際には，すべての子どもが「保育の必要性」の認定を受けることになる。そして，この「保育の必要性」認定の仕組みは，当事者のニーズによって介護度を判定

する介護保険制度をモデルとしており，子どもにとっての保育の必要度が保育実施の基準となっている。いいかえれば，「新制度」における保育の当事者として，「保護者」に加えて「子ども」も想定されるようになったのである[14]。

　子育ての当事者とは誰か。子どもと保護者との対立構造を含みこんだうえで，「子育て」はいかにして成立するか。こうした問いをめぐって，子育てに関するイデオロギーも変化を促されている。

【丹治恭子】

1　「親にしかできないこと」「保育者にしかできないこと」はあるだろうか。あるとすれば，それはどのようなことだろうか。
2　乳幼児施設が，「親（保護者）のため」にしていること，「子どものため」にしていること，をそれぞれ書き出して，他の人と比較してみよう。
3　保育実践のなかで，「教育」と「ケア」が同時に生じている場面をいくつか挙げてみよう。

注
1）大日向雅美『母性愛神話の罠』日本評論社，2000年，pp. 16-22
2）1.57ショックとは，1989年の人口動態統計で，合計特殊出生率（1人の女性が一生涯に産む子どもの数）が1.57となり，丙午のために出産抑制が生じた1966年の1.58を下回り，少子化が問題視されるようになった現象のことである。以前から出生率の低下は問題視されていたが，丙午を下回る数値が示されたことにより，少子化の進行が社会的関心を集めるきっかけとなった。
3）厚生省『平成10年版　厚生白書』1998年，p. 84
4）「ケア」にはさまざまな定義があるが，本章では，ケアという行為の文脈化を図る「依存的な存在である成人または子どもの身体的かつ情緒的な要求を，それが担われ，遂行される規範的・経済的・社会的枠組みのもとにおいて，満たすことに関わる行為と関係」（上野千鶴子『ケアの社会学』太田出版，2011年，p. 39）を採用する。
5）広田照幸『ヒューマニティーズ　教育学』岩波書店，2009年，p. 9
6）上野千鶴子『ケアの社会学』太田出版，2011年，pp. 65-72
7）金澤貴之「特別支援教育における『支援』概念の検討」日本教育社会学会編『教

育社会学研究』92，2013 年，pp. 14-19

8）乳幼児期では「教育」と「ケア」を含んだ行為を「保育」と言い表すように，特別支援教育の実践レベルの領域では「教育」と「支援」を組み合わせた「合わせた指導」という概念が用いられている（金澤，前掲書，pp. 11-12）。

9）本章では，保護者の教育選択の個人化・個別化に焦点を当てた現象を「教育の私事化」と呼んでいる。

10）濱名陽子「幼児教育の変化と幼児教育の社会学」日本教育社会学会編『教育社会学研究』88，2011 年，p. 88

11）本章で「公／私」の区分として，家族を私的領域とし，国家・市場・市民社会を公的領域とするフェミニズム研究に基づく枠組みを採用する。そのため本章でいう，子育ての「社会化」は，私的領域から公的領域への変化を示す「脱家族化」と同義である。

12）広井多鶴子「少子化と『家庭の教育力』―少子化は子どもの成長にとって問題か―」広井多鶴子・小玉亮子『現代の親子問題――なぜ親と子が「問題」なのか』日本図書センター，2010 年，pp. 174-178

13）松木洋人『子育て支援の社会学――社会化のジレンマと家族の変容』新泉社，2013 年，pp. 222-224

14）丹治恭子「子育てとはいかなる営みか――責任・担い手の変容から」岡本智周・丹治恭子編著『共生の社会学』太郎次郎社エディタス，2016 年，pp. 117-138

引用・参考文献

広田照幸編『リーディングス　日本の教育と社会―第 3 巻　子育て・しつけ』日本図書センター，2006 年

小山静子『良妻賢母という規範』勁草書房，1991 年

落合恵美子『21 世紀家族へ［新版］』有斐閣，1997 年

千田有紀『日本型近代家族―どこから来てどこへ行くのか』勁草書房，2011 年

丹治恭子「「教育」と「ケア」をめぐる相克―幼保一元化の検討から」金井淑子・竹内聖一編『ケアの始まる場所』ナカニシヤ出版，2015 年，pp. 106-122

column

ヤングケアラー

植草学園大学発達教育学部教授　實川 慎子

　ヤングケアラーとは「本来大人が担うと想定されている家事や家族の世話などを日常的に行っているこどものこと」（こども家庭庁，2023）である。年齢や成長の度合いに見合わず責任や負担が重くなると，学業や友人関係などに影響が出てしまうことがあり，深刻な社会問題となっている。しかし，家庭内のデリケートな問題であることや，本人や家族も自覚していないなどの理由から，支援が必要であっても表面化しにくく，見過ごされてしまうリスクがある（文部科学省，2021）。

　ヤングケアラーに関する調査報告（三菱 UFJ リサーチ＆コンサルティング，2021；日本総合研究所，2022）によると，中学 2 年生の 5.7%，小学生の 6.5%が「家族の世話」をしている。世話をしている家族がいる子どもは，「遅刻や早退」「授業中に寝てしまう」「宿題ができていない」「忘れ物が多い」など，自分の健康や学業へのリスクが高いことが指摘されている。家族の世話による影響はケアしている現在にとどまらず，子どもの進路選択やキャリアなど将来への長期的影響も懸念される。

　2021 年，経済財政運営の指針「骨太の方針」に初めてヤングケアラーが明記され，国によるヤングケアラーに対する支援として早期発見・把握，相談支援などの支援体制の推進，社会的認知度の向上への取り組みが行われている。

　とくに小学生の場合は，家族の置かれた状況を十分に理解できておらず，自ら周囲に相談することも難しいと考えられる。親への社会的支援とともに周囲の大人が気づいて子ども本人に声をかけていくなどの支援が重要である。子どもの側に立ち，継続的に伴走型支援を行うためには，支援者がチームを組み連携・協力して子どもに関わることが必要である。

【参考文献】
こども家庭庁「ヤングケアラーについて」 2023 年（https://www.cfa.go.jp/policies/young-carer/）
日本総合研究所「ヤングケアラーの実態に関する調査研究」2022 年
三菱 UFJ リサーチ＆コンサルティング「令和 2 年度子ども・子育て支援推進調査研究事業ヤングケアラーの実態に関する調査研究報告書」2021 年
文部科学省「ヤングケアラーの支援に向けた福祉・介護・医療・教育の連携プロジェクトチーム報告」2021 年

子ども食堂

　子ども食堂の数は年々増加しており，2022年時点では全国の7,363カ所で実施されている（全国こども食堂支援センター・むすびえ，2022）。子ども食堂は「地域住民等による民間発の取組として無料または安価で栄養のある食事や温かな団らんを提供する」場である（農林水産省，2023）。子どもがひとりでも参加することができ，孤食になりがちな子どもに貴重な共食の機会を確保するとともに，地域コミュニティでの子どもの居場所を提供するなど，社会的意義は高い。

　「子ども食堂」は，2012年の「気まぐれ八百屋だんだん」（東京都）での活動から始まり，急激に全国に広まった。2013年に子どもの貧困対策の推進に関する法律が制定されるなど，子どもの貧困への関心が高まっていた時期でもあった。一方，生活困窮世帯の子どもだけを対象とすると，必要であっても参加しにくくなることが懸念され，誰でもが利用できる開かれた場として運営されてきている（近藤，2016）。

　全国こども食堂支援センター・むすびえ（2022）によると，子ども食堂の主な目的は「子どもの食事提供」「子どもの居場所づくり」であり，子どもへの食の支援を中心としている。同時に「多世代交流」や「地域づくり・まちづくり」などの地域コミュニティの場としても機能しており，未就学児から高齢者までの幅広い年齢層が参加する。

　子ども食堂の抱える課題として，いかに必要な人（貧困家庭など）に周知・広報し支援を届けるのかがある。「子ども食堂」という名称は多くの人が認知し，近くにあれば行ってみたいと思っている子どもは6割超である（全国子ども食堂支援センター・むすびえ，2020）。しかし，実際に利用した子どもの割合は6％に過ぎず，利用経験ない人ほど「誰でも行けるところ」であることを知らない。今後の周知・広報が期待されている。

【参考文献】
近藤博子「地域で子どもを支える『こども食堂』」教育と医学の会（編）『教育と医学』64（9），2016年，pp.794-802
全国こども食堂支援センター・むすびえ「第1回全国こども食堂実態調査」2022年
全国子ども食堂支援センター・むすびえ，湯浅誠（編）『むすびえのこども食堂白書』本の種出版，2020年
農林水産省「こども食堂と連携した地域における食育の推進」2023年

第 5 章

教育・保育に関する法制度と行政

　本章では，教育・保育に関する法制度と行政について取り上げていく。法制度や行政と聞くと，難しい印象を受ける人もいるかもしれない。実際に，学校現場や保育所では日々子どもへの対応に追われており，法制度があったところで現場は関係ない，行政は何もしてくれない，という思いを抱いている教員や保育者もいるかもしれない。しかしながら，全国どこでも同じ教育を受けられるように整備することや安全な保育を行うためには，統一したルールが必要となる。このルールとして日本国憲法を頂点に法規が定められており，それを運用するのが法制度であり，運用する役割を主に担っているのが行政である。なお，本章において扱う「教育」は幼稚園・小学校などの学校教育を，「保育」は認可保育所などの児童福祉施設を，またこの他の施設として第4節において取り上げるが「認定こども園」を対象とする。

1 教育に関する法制度と行政

1. 教育に関する法制度

　この教育に関する法制度を理解するためには，まず，現在の日本の基本的な法体系を確認しておく必要がある。図5-1はその法体系をイメージして表したものである。

　三角形の頂点に位置づけられているのが，日本における最高法規である日本

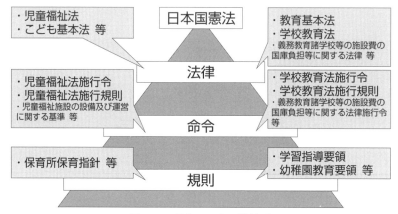

図5-1　現在の日本の法体系

国憲法である。憲法は戦後の1947年11月3日，国民主権，基本的人権の尊重，平和主義を基本原理として公布されており，議会制民主主義に基づく法律主義の原則を採用している。この憲法の下に位置づけられるのが国会によって制定される「法律」であり，その下に政令・内閣府令・省令などの「命令」，さらにその下に行政機関内部における決まりごととして「規則」が位置づけられる。この他に法体系のイメージ図には記載していないが，都道府県や市町村などの地方公共団体における独自のルールとして「条例」などもある。

　また，図5-1では，憲法を頂点に，法律，命令，規則とピラミッド型に示されているが，この上位・下位の階層構造は法体系を理解するうえで重要な意味をもつ。日本の法体系においては下位にある法規よりも上位にある法規が優先されており（上位法優先の原則），たとえば，ある法律が裁判によって憲法に違反する（違憲）と判断された場合，国会は違憲状態となっている法令を改正したり廃止などをしたりする必要性に迫られる。

　一方で，下位にある法規は上位にある法規よりもより具体的な内容が示されているという点で，より学校現場で必要となるルールが示されている。実際に学校現場においては「法律」や「命令」よりも「規則」である学習指導要領を参照し，教育内容や授業の進め方を考える方が多いだろう。学習指導要領は，

憲法，教育基本法，学校教育法，学校教育法施行規則の内容を踏まえて，さらに細かく示されたルールブック（教育課程の基準）であり，学校現場において用いやすい内容となっているのである。日本ではこのように法体系を整備することによって，全国どこでも教育が実現できるよう条件整備がされているのである。

　ただし，このような条件整備をする一方で，ルールを緩和し，学校現場独自の取り組みを認める条文もある。例えば，学校教育法施行規則第55条などでは文部科学大臣が認める場合は，同施行規則に定める教育課程の規定によらずに独自の教育課程を編成することを認めている。また，これらの条文を法的根拠として実施されているのが研究開発学校制度や教育課程特例校制度に指定された学校における取り組みである。このように法規は，全国で一律に実施することができるように制限や義務を課す条文がある一方で，規制緩和や特例を認める条文もあり，それぞれに役割があるのである。

2. 教育機会の保障に向けた条件整備

　図5-1を踏まえて，具体的な事例をもとに考えてみよう。全国どこに住んでいても小学校教育を受けられるようにするためには，どのようなルールが必要になるのだろうか。

　小学校教育は（幼稚園や家庭における教育などを除けば）最初に受ける教育であり，住む場所が都会であっても農村部であっても誰でも教育を受けられるようにする必要がある。つまり，小学校を設置することになったときに，まず考えなければならないのは，可能な限り児童が通うことのできる範囲に小学校を設置するということである（ただし，物理的な制約により通学可能な範囲内に小学校を設置できない場合もある。その場合は，スクールバスを配備するなど工夫が必要となる）。それでは，小学校を設置する，という判断や責任は誰が担うのか。可能な限り児童が通うことのできる範囲とは，どれぐらいの距離なのだろうか。これについて，あらかじめ法規（ルール）を定めておけば，都道府県や市町村ごとにバラバラなルールで小学校を設置するということを防ぎ，全国どこでも

子どもが可能な限り通える範囲に小学校を設置することを義務づけ，教育機会を保障することができるのである。

　まず，最高法規である憲法を見てみよう。憲法第26条第1項には「すべて国民は，法律の定めるところにより，その能力に応じて，ひとしく教育を受ける権利を有する」，また同条第2項では「すべて国民は，法律の定めるところにより，その保護する子女に普通教育を受けさせる義務を負ふ。義務教育は，これを無償とする」と定めている。この条文によって，誰でも「能力に応じて，ひとしく教育を受ける権利」があり，その子どもの保護者には「普通教育を受けさせる義務」があることがわかる。また，義務教育は「無償」であることも示されている。義務教育が「無償」であるということは，教育を受ける子ども自身に教育費を支払わせるのではなく，税金によって運用されることを意味する。

　ただし，憲法第26条で示されている条文だけでは，誰が，どれぐらいの範囲に小学校を設置する必要があるのか不明確である。そこで，詳しくルールを定めているのが教育基本法である。教育基本法は教育についてルールを定めた法律で，1947年に制定され，その後2006年に初めて全部改正されている。その中で，第5条において義務教育を次のように定めている。

第5条　国民は，その保護する子に，別に法律で定めるところにより，普通教育を受けさせる義務を負う。
2　義務教育として行われる普通教育は，各個人の有する能力を伸ばしつつ社会において自立的に生きる基礎を培い，また，国家及び社会の形成者として必要とされる基本的な資質を養うことを目的として行われるものとする。
3　国及び地方公共団体は，義務教育の機会を保障し，その水準を確保するため，適切な役割分担及び相互の協力の下，その実施に責任を負う。
4　国又は地方公共団体の設置する学校における義務教育については，授業料を徴収しない。

　この条文の第3項には「国及び地方公共団体は，義務教育の機会を保障し，……その実施に責任を負う」とある。つまり，誰でも義務教育を受けられるよ

うに機会を保障（学校を設置）し，実施の責任を負っているのが国と地方公共団体であるということがわかる。同様に，第6条第1項において「法律に定める学校は，公の性質を有するものであって，国，地方公共団体及び法律に定める法人のみが，これを設置することができる」と定められており，学校を設置できる組織は限られていることがわかる。

　以上のように，教育基本法においては国と地方公共団体が義務教育の機会を保障し責任を負っていること，学校において体系的な教育が組織的に行われなければならないことがルールとして設けられている。しかしながら，これだけでは子どもの自宅からどれぐらいの距離であれば通学が可能な範囲として小学校を設置できるのか，まだ不明確と言わざるを得ない。

　そこで，さらに詳しいルールを定める法令が必要となるのである。児童が通える範囲に小学校を設置するための実質的なルールとなっているのが，「義務教育諸学校等の施設費の国庫負担等に関する法律施行令」である。その第4条には適正な学校規模の条件として次のように定めている。

第4条　法第3条第1項第四号の適正な規模の条件は，次に掲げるものとする。
　一　学級数が，小学校及び中学校にあつてはおおむね12学級から18学級まで，義務教育学校にあつてはおおむね18学級から27学級までであること。
　二　通学距離が，小学校にあつてはおおむね4キロメートル以内，中学校及び義務教育学校にあつてはおおむね6キロメートル以内であること。
2　五学級以下の学級数の小学校若しくは中学校又は八学級以下の学級数の義務教育学校と前項第一号に規定する学級数の学校とを統合する場合においては，同号中「18学級まで」とあるのは「24学級まで」と，「27学級」とあるのは「36学級」とする。
3　統合後の学校の学級数又は通学距離が第1項第一号又は第二号に掲げる条件に適合しない場合においても，文部科学大臣が教育効果，交通の便その他の事情を考慮して適当と認めるときは，当該学級数又は通学距離は，同項第一号又は第二号に掲げる条件に適合するものとみなす。

　同施行令は，「義務教育諸学校等の施設費の国庫負担等に関する法律」の下に位置付けられる「行政命令」にあたるものである。「義務教育諸学校等の施

設費の国庫負担等に関する法律」において，地方公共団体が小学校を建設する際の経費を国が一部負担することを定めており，より詳細な基準を同施行令で定めているのである。同施行令第4条第1項第2号にあるように，「小学校にあつてはおおむね4キロメートル以内」とあることから，子どもの自宅から4km以内に小学校を設置する必要があることがわかる。もちろん物理的な制約などでこのような条件をすべての小学校が満たせるわけではない。そのため第4条第3項にあるように「教育効果，交通の便その他の事情を考慮」することも国の一部経費負担の条件に含めている。この場合，子どもの遠距離通学の負担を減らすためにスクールバスの配備などの工夫が必要になるだろう。

　以上のように，現行の法規において，国と地方公共団体に小学校の設置による義務教育の保障を義務付け，また子どもの自宅から小学校までの距離も基準として示していることがわかる。このようなルール作りをすることによって，全国どこに住んでいても小学校教育を受けることができるように整備されているのである。

② 教育に関する行政

1. 教育に関する行政

　第1節を通じて，教育に関する法規について確認してきた。しかし，法規があるだけでは意味がない。ルールを作っても，それを運用する組織が必要になるだろう。第1節2.の小学校を設置する例に関しても，法令上で条件が定められていたとしても，小学校の設置を業務として担う組織が無ければ実現させることはできない。

　そこで，ここでは教育基本法第5条において登場した国と地方公共団体について取り上げていきたい。国や地方公共団体といっても，具体的にはどんな組織が担っているのかを理解する必要があるだろう。図5-2は，教育に関する国と地方公共団体の組織を示したものである。

　図5-2を見ると，教育の担当組織として国レベルでは文部科学省が，地方公

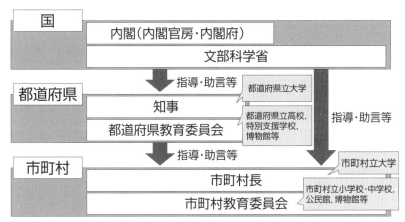

図 5-2　教育に関する国・地方公共団体の組織

共団体レベルでは都道府県教育委員会と市町村教育委員会が担当していること
がわかる。それぞれの担当組織ごとに説明していきたい。

　文部科学省は文部科学大臣を責任者として，教育や科学技術・学術，スポー
ツ，文化の振興を担っている行政組織である。また，文部科学省の下にはスポ
ーツ庁，文化庁を設置しており，それぞれスポーツ庁はスポーツに関する行政，
文化庁は文化財などに関する行政を担っている。なお，国の教育を担う担当組
織は，もともとは文部省だったが，2001 年の省庁再編により文部省と科学技
術庁が統合され，現在の文部科学省となった。また，教育に関しての担当組織
は文部科学省ではあるが，内閣における国の教育政策に関する閣議決定や内閣
官房や内閣府，他省庁に設置された教育に関する検討組織での議論の結果が文
部科学省の教育政策に影響を及ぼすこともある。

　都道府県では知事部局とは別に都道府県教育委員会が設置されており，教育
長を責任者として都道府県内の教育などを担っている。教育長は教育委員とと
もに教育委員会の会議を開き，県内の教育方針などを決定する。また，その教
育方針などを教育委員会事務局の教育長と公務員が実現に向けた業務を担って
いる。この体制は市町村でも同様であり，市町村長部局とは別に市町村教育委
員会が設置されており，教育長を責任者として市町村内の教育などを担ってい

る。このように都道府県では知事部局と都道府県教育委員会，市町村では市町村長部局と市町村教育委員会というように同一の地方公共団体内に二つの行政組織が存在しているような状態となっている。これには戦前の反省をふまえ，教育に対する政治的中立性を維持する観点からアメリカを参考に知事部局・市町村長部局とは別の独立した組織として教育委員会を設置したことが背景となっている。なお，この教育委員会制度に関しては，2012 年に問題となったいじめ自殺事件に対する教育委員会の隠ぺい体質が問題視され，2015 年 4 月に制度改正が行われた。その結果，知事・市町村長と教育委員会による「総合教育会議」を行うことが新たに設けられ，知事・市町村長の意向が教育方針などに反映できるような仕組みが構築されている。

　文部科学省と都道府県・市町村の関係は，図 5-2 にあるように指導・助言などを行う矢印の関係で表すことができる。文部科学省は都道府県教育委員会や市町村教育委員会に対し必要に応じて指導・助言などを行う。都道府県教育委員会は都道府県立高等学校や特別支援学校，都道府県立の博物館などを管轄しており，管轄下の学校や施設に対し指導・助言などを行う。また，都道府県教育委員会は，その都道府県内にある市町村教育委員会に対し指導・助言などを行う。市町村教育委員会は市町村立小学校・中学校，市町村立の公民館や博物館などを管轄しており，管轄下の学校や施設に対し指導・助言などを行う。

　この他，都道府県であれば知事部局で都道府県立大学を設置していたり，市町村であれば市町村長部局で市町村立大学を設置していたりする事例もある。その場合は，それらも文部科学省からの指導・助言などの対象となる。

　ここまで，教育に関する法制度と行政を取り上げてきた。教育に関する法規（ルール）の整備や，その法規を運用する組織（行政）の設置など，これらによって全国どこに住んでいても小学校に通うことができるように整備されているのである。

2. 日本の教育制度

　ここで，日本の教育制度を確認しておこう。現在の日本においては，小学校

も中学校も，高等学校も大学も，その存在そのものが当たり前になってしまって疑問に思うことはないかもしれない。しかし，日本と同じような教育制度を採用している国もあれば，日本とは全く異なる教育制度を採用している国もあり，実際のところは制度をどのように定めるのか各国によって異なるのである。

　教育制度を定めるにあたって，日本では学校教育法第1条において「学校とは，幼稚園，小学校，中学校，義務教育学校，高等学校，中等教育学校，特別支援学校，大学及び高等専門学校とする」と定めている。いわゆる1条校と呼ばれており，これらの学校は学校教育法や学校教育法施行規則に定められた規定をおさえておかなければならない。一方で，予備校や教習所などを「学校」と呼ぶことがあるが，この場合には1条校以外のものであり，法律上は学校ではない。

　表5-1は，1条校とされる学校を一覧表にしたものである。日本において採用されている教育制度は，義務教育以降を見ていくと，小学校6年間，中学校3年間，高等学校3年間，大学4年間となっている。そのため，学校の年数だけを取って，「6・3・3・4制」と表現することもある。このような高校までの12年間の学校段階の区切り方は国によって異なっており，4・4・4制や5・4・3制，6・6制など国によってさまざまな区切り方がある。日本においても1971（昭和46）年に中央教育審議会答申「今後における学校教育の総合的な拡充整備のための基本的施策について」などで，学校段階の区切り方を見直す動

表5-1　日本における各学校段階の年数や学校名の一覧

教育レベル	年数	年齢	学校名			
就学前教育	3	3歳〜5歳	幼稚園			
初等教育	6	6歳〜12歳	小学校	義務教育学校（9年間）		
中等教育	3	13歳〜15歳	中学校		中等教育学校（6年間）	
	3		高等学校			高等専門学校（5年間）
高等教育	4		大学			

きも見られたが，現在は表5-1にあるように基本的に6・3・3・4制を採用しつつ，義務教育学校（小学校・中学校の9年間）や中等教育学校（中学校・高等学校の6年間）も設置可能となっており，子どもたちの進学先としての選択肢が多様化している。

また，日本において幼稚園は学校教育法第26条によって，小学校・中学校は同法第17条によって，幼稚園・小学校・中学校に通うことのできる年齢が定められている。この条文により，対象年齢よりも早く入学させる早期入学や飛び級などにより生じる弊害を防ぐことができるが，一方で対象の年齢以外の子どもが希望しても小学校や中学校の教育を受けることができないという問題も生じている。このような問題は主に不登校だった人や外国にルーツのある人などに生じており，日本で生活するために最低限必要な教育をいかに保障するのかが問題となっている。これに対し，2016年に成立した「義務教育の段階における普通教育に相当する教育の機会の確保等に関する法律」によって，夜間中学などによる教育機会の提供が求められているが，2023年現在においても十分に整備されているとはいえないのが現状である。

教育に関する制度はこのように法令によって整備されることで全国一律に同様の対応ができるという利点をもつが，その一方で一律の型に当てはまらない事例があった場合に柔軟な対応が難しくなるという欠点もある。

❸ 保育に関する法制度と行政

次に，保育に関する法制度と行政を確認していきたい。ただし，第4節で取り上げるように，2015年4月からの「子ども・子育て支援新制度」や2023年4月の「こども家庭庁」の発足など，保育を扱う行政組織の体制が変化してきている。ここでは2023年3月までの行政組織などを取り上げ，その後の組織体制の変化として第4節にて「こども家庭庁」の発足について取り上げていきたい。

1. 保育に関する法制度

　保育園（保育所）は学校（教育機関）ではないことから，文部（科学）省の管轄ではなく，厚生（労働）省の管轄とされてきた。それは，第4章においてみたように，育所が生活・労働のために育児を行うことができない家庭の代替施設だったことを背景としている。そのため保育に関する法制度は，厚生労働省の管轄として整備されてきた。図5-1に示されていたように，保育に関する法制度も日本国憲法を最高法規とし，その下に児童福祉法などがあり，さらにその下に児童福祉法施行令や児童福祉法施行規則，児童福祉施設の設備及び運営に関する基準などがある。また，小学校では学習指導要領，幼稚園では幼稚園教育要領があるように，保育士に対しては保育所保育指針があることもわかる。

2. 保育所の設置に向けた条件整備

　それでは，保育所を設置する際にはどのような点に気をつけなければならないのだろうか。そのルールを法令から確認してみよう。

　保育について考えるとき，そこには社会福祉的な側面が内在している。憲法第25条第1項では「すべて国民は，健康で文化的な最低限度の生活を営む権利を有する」こと，また同条第2項において「国は，すべての生活部面について，社会福祉，社会保障及び公衆衛生の向上及び増進に努めなければならない」ことを定めている。このことから，親の労働などにより日中保育を受けることができない乳幼児が生きていくうえで保育所は必要不可欠であり，国は社会福祉の向上・増進に努めなければならないのである。

　それでは，保育所設置についてさらに詳しいルールとして，児童福祉法を見てみよう。児童福祉法第24条には次のように定められている。

　第24条　市町村は，この法律及び子ども・子育て支援法の定めるところにより，保護者の労働又は疾病その他の事由により，その監護すべき乳児，幼児その他の児童について保育を必要とする場合において，次項に定めるところによるほか，当該児童を保育所（認定こども園法第3条第1項の認定を受けたもの及び同条第十項の規定による公示がされたものを除く。）において保育しなけ

ればならない。

……中略……

第3項　市町村は，保育の需要に応ずるに足りる保育所，認定こども園（子ども・子育て支援法第27条第1項の確認を受けたものに限る。以下この項及び第46条の2第2項において同じ。）又は家庭的保育事業等が不足し，又は不足するおそれがある場合その他必要と認められる場合には，保育所，認定こども園（保育所であるものを含む。）又は家庭的保育事業等の利用について調整を行うとともに，認定こども園の設置者又は家庭的保育事業等を行う者に対し，前項に規定する児童の利用の要請を行うものとする。

　第24条第1項にあるように，「市町村は……保育を必要とする場合において……当該児童を保育所……において保育しなければならない」と定められている。このことから，保育を行う義務は市町村にあり，市町村内にどれぐらいの乳幼児が住んでおり，どれぐらいの乳幼児が保育を必要としているのか把握しなければならない。しかしながら，現状として待機児童問題が解消していないのは昨今の報道でも知られているところだろう。共働き世帯の増加などにより保育を必要としている人は増えており，市町村は保育を行う義務があるのに，なぜそれを放棄しているかのような待機児童問題が生じるのだろうか。

　これに対しては，保育所・保育士の不足，新規保育所設置の難しさ，保育に対する親のニーズとのズレなど，さまざまな要因が考えられているが，待機児童の解消には至っていない。ここでは一例として，認可保育所における保育士の不足について考えてみよう。認可保育所1か所につき，どれぐらいの保育士が必要なのだろうか。「児童福祉施設の設備及び運営に関する基準」第33条第2項には「保育士の数は，乳児おおむね3人につき1人以上，満1歳以上満3歳に満たない幼児おおむね6人につき1人以上，満3歳以上満4歳に満たない幼児おおむね20人につき1人以上，満4歳以上の幼児おおむね30人につき1人以上とする。ただし，保育所1につき2人を下ることはできない」ことが定められている。つまり，保育所は必ず保育士2人以上を配置する必要があり，それ以上の人数については，年齢や子どもの数によって異なっている。4歳以上の幼児であれば30人に対し保育士1人が必要であるが，30人の乳児の場合

には保育士 10 人が必要となる。対象となる子どもの年齢が低ければ低いほど，保育士の数は必要となるのである。この基準を満たさなければ認可保育所としての認定を受けることができず，保育所を運営するために必要となる補助金を市町村から受けることができない。

　このように，認可保育所は法令で定められた基準によって，受け入れる子どもの年齢と人数に応じた保育士の人数を確保しなければならない。しかしながら，保育士の人数が将来的にどれぐらい必要となるのか予測することは難しい。たとえば，転勤族の多い市町村では，急激に子育て世帯が増える時期もあれば，転出によって子育て世帯が減っていく時期もある。その時期ごとに保育士の人数を確保したり調整したりすることは難しいだろう。法令による保育所の基準を定めることは，安全な保育を実施するうえで重要なルールとなるが，それが保育所・保育士を増やす際の足かせになることもあるのである。

3. 保育に関する行政

　すでに第 4 章において取り上げられているように，保育所は戦前「託児所」として誕生・普及していった背景があり，子どもがどのような保育を受けるかということよりも貧困層の就労支援を担う「保護・養護」施設であったことに起因して，厚生（労働）省の管轄とされてきた。

　一方，少子化対策や「幼保一元化」へのニーズの高まりにより，2006 年に「就学前の子どもに関する教育，保育等の総合的な提供の推進に関する法律」（認定こども園法）が制定され，教育と保育の両方の機能を備えた認定こども園の設置が可能となった。幼稚園においても教育だけではなく保育の機能も兼ね備えることにより，保育を行える施設が増加し，待機児童の解消に向けて期待されたのである。しかしながら，実際には，それまで教育機関として幼稚園を管轄してきた文部科学省と，児童福祉施設として保育所を管轄してきた厚生労働省，この両省の境界に認定こども園は位置することになり，申請などをそれぞれの省に行わなければならないなど設置・運営への負担が大きかった。このように，同じ年齢の子どもを対象としているにもかかわらず，どこの省庁が管轄

するのかという問題を生じさせたのである。

　そのため，2015 年 4 月には「子ども・子育て支援新制度」をスタートさせ，内閣府に設置された「子ども・子育て本部」が認定こども園制度に係る一元的窓口を設け，幼保連携型認定こども園への指導・監督を行う体制に整備された。これにより，認定こども園に関しては内閣府に一元化され，申請などの負担を軽減することができたのである。

❹ これからの教育・保育と行政—「こども家庭庁」の創設

　2023 年 4 月「こども家庭庁」が新たに発足した。第 2 節においては教育に関する行政を，第 3 節においては保育に関する行政を取り上げてきたが，「こども家庭庁」はどのような位置づけにあり，どのような業務を担うのだろうか。ここからは，これからの教育と保育を考えるうえで新たに求められている「こども家庭庁」の役割について取り上げていきたい。

　すでに第 3 節において取り上げたように，保育に関する行政は認定こども園制度の実現とともに，同じ子どもを対象とする制度・政策にもかかわらず，その担当は文部科学省なのか，厚生労働省なのかという問題を生じさせた。また，2015 年 4 月の「子ども・子育て支援新制度」の実現により，認定こども園の担当は内閣府に一元化されたものの，一方で子どもに関する制度・政策が複数の省庁に跨って乱立する状況となってしまったのである。

　一言に，子どもに関する制度・政策といっても，どのようなものがあるだろうか。少子化対策や妊娠期からの子育て支援が挙げられるだろうが，子どもが生まれた後の問題も見逃してはならない。虐待や貧困，いじめ，子どもの自殺，近年問題となっているヤングケアラーもその一つである。これらの問題は一つの原因を取り除けば解消されるのではなく，包括的にとらえ，支援していく必要があるだろう。

　そこで，2023 年 3 月まで内閣府が担っていた認定こども園や子どもの貧困対策，児童手当，厚生労働省が担っていた保育所や障害児支援を同年 4 月以降

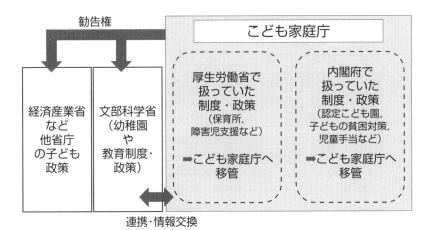

図 5-3　こども家庭庁と文部科学省などの組織関係図

「こども家庭庁」に移管し，「こども家庭庁」が子ども・子育て支援を総合的に担うこととなった。一方，文部科学省は 2023 年度以降も引き続き子どもを対象とする幼稚園や教育制度・政策を担っており，「こども家庭庁」と連携や情報交換などを行うことで子ども・子育支援に協力することとなっている。この他，経済産業省など他省庁においても子どもを対象とする政策が行われているが，これらに対し問題や不備があれば「こども家庭庁」が改善を求める勧告権をもっている。これまでバラバラに取り組まれてきた子ども・子育て支援に一元的に対応し，複雑に絡み合った子どもをめぐる問題を解消できるかが「こども家庭庁」には求められている。

　最後に，2022 年に成立した「こども基本法」の条文を紹介したい。「こども基本法」第 3 条には次のように 6 つの基本理念が示されている。

第 3 条　こども施策は，次に掲げる事項を基本理念として行われなければならない。
　一　全てのこどもについて，個人として尊重され，その基本的人権が保障されるとともに，差別的取扱いを受けることがないようにすること。
　二　全てのこどもについて，適切に養育されること，その生活を保障される

こと，愛され保護されること，その健やかな成長及び発達並びにその自立
　　が図られることその他の福祉に係る権利が等しく保障されるとともに，教
　　育基本法（平成 18 年法律第 120 号）の精神にのっとり教育を受ける機会が
　　等しく与えられること。
三　全てのこどもについて，その年齢及び発達の程度に応じて，自己に直接
　　関係する全ての事項に関して意見を表明する機会及び多様な社会的活動に
　　参画する機会が確保されること。
四　全てのこどもについて，その年齢及び発達の程度に応じて，その意見が
　　尊重され，その最善の利益が優先して考慮されること。
五　こどもの養育については，家庭を基本として行われ，父母その他の保護
　　者が第一義的責任を有するとの認識の下，これらの者に対してこどもの養
　　育に関し十分な支援を行うとともに，家庭での養育が困難なこどもにはで
　　きる限り家庭と同様の養育環境を確保することにより，こどもが心身とも
　　に健やかに育成されるようにすること。
六　家庭や子育てに夢を持ち，子育てに伴う喜びを実感できる社会環境を整
　　備すること。

　いずれの基本理念も，子どもが健やかに育つための理想であるといえる。し
かしながら，これを理想のまま終えるのではなく，実際に子どもたちの生活環
境においてこの基本理念が実感できるような整備が必要となる。この 6 つの基
本理念を実現するためにはどのような対策が必要なのだろうか。改めて，子ど
もたちの視点から教育や保育に関する法制度や行政の役割を考え直す必要が出
てきている。

【小野まどか】

　・学習指導要領はどのような法令に基づいて定められているのでしょ
　　うか。学校教育法や学校教育法施行規則の中から，学習指導要領に
　　関連する条文を見つけ出しましょう。
　・「こども基本法」第 3 条の 6 つの基本理念の中から一つ選び，その
　　理念に関連して現在の日本ではどのような課題が生じているのか，
　　その理念を実現するにはどのような対策が必要なのかを考えてみま
　　しょう。

引用・参考文献

青木栄一・川上泰彦『教育の行政・政治・経営〔改訂版〕』放送大学教育振興会，
　2023 年。

岩月泰頼・菅原清暁『改訂 Q & A 保育所・幼稚園のための法律相談所　現場からの
　56 の相談に，顧問弁護士がわかりやすく答えました』日本加除出版，2023 年。

山田太郎『こども庁―「こども家庭庁創設」という波乱の舞台裏―』星海社新書，
　2023 年。

column

子どもの貧困

千葉大学国際教養学部准教授　白川　優治

　日本の「子どもの貧困率」は 11.5％（2021 年度）である（厚生労働省発表）。

　「貧困」と聞いても，日本のなかではあまりイメージできないかもしれない。しかし，家庭によって経済環境は異なり，経済的に裕福な家庭もあれば，困難な家庭もある。義務教育でも，学用品や給食費，修学旅行など，年間 10〜20 万円程度の費用が必要であるが，この費用を支出することが厳しい家庭もある。このように，社会のなかで経済的に厳しい家庭にある子どもの割合を示す指標が「子どもの貧困率」である。現在，日本では，11.5％の子ども，つまり，9 人に 1 人の子どもが経済的に厳しい環境に置かれていることを意味している。

　このような家庭の経済的環境の違いは，子どもにとってさまざまな機会（チャンス）の差にもつながっている。経済的に厳しい家庭の子どもは，習いごと，スポーツや文化的な活動への参加など，さまざまな経験ができないかもしれない。さらに，家庭の経済的状況によって，子どもの学力に差があることも明らかになっている。学力の格差は，進学や就職機会の格差にもつながり，将来の生活状況，経済状況にも影響する。子どものときの貧困状況は，大人になってからの生活状況にもつながるのである。「貧困の連鎖」という課題である。

　私たちは，生まれる場所や家庭を選ぶことはできない。そのため，家庭環境によって教育を受ける機会に格差があることは，その家庭だけの問題ではなく，社会全体の課題として，何らかの対応が必要である。このことから，教育費負担を支援する制度や，家庭の生活や就労を支援したり，子どもの学力形成を支援する取り組みが重要となる。2013 年に，「子どもの貧困対策の推進に関する法律」が制定され，国全体でこの問題への対応が進められている。

　教育費負担を支援する制度には，義務教育段階での就学援助制度，高校・大学段階には奨学金制度がある。就学援助は，市区町村が給食費や修学旅行費などについて経済的支援を行う制度であり，その受給率の全国平均は 14.2％（2021 年）。子どもの貧困率とほぼ同程度である。しかし，地域によって状況に差がある。支援を必要とする子どもや家庭に必要な支援が届き，機会が等しく提供されることが求められている。そして，保育や教育にかかわる教職員は，子どもの貧困の状況と支援の仕組みを知っておくことが重要になっている。

第6章
教育課程・カリキュラム
教育の内容

① 教育課程の編成

1. 教育課程とは

　「教育課程」とは，学校や幼稚園がめざす教育目的や教育目標を実現するために必要な教育内容を選び，選んだ内容を計画的に組織して，編成したものである。英語ではカリキュラム（curriculum）といい，ラテン語で「走ること」を意味するcurrereが語源とされ，「競争路のコース」や「生涯」などの意味をもつ。この言葉は16世紀後半頃に登場するが，その頃から学校において学習が目的をもって計画的に進められるようになったと考えられる。

2. 教育課程の編成と類型

　カリキュラムを編成するうえでまず必要になるのは，教育目的や目標を設定して，その達成のためにどのような「内容」をどのような「順序」で教えるのか，ということである。選択された学習内容の範囲は「スコープ（scoop）」，その内容を学年や子どもの能力で配列したものを「シーケンス（sequence）」と呼び，この「スコープ」と「シーケンス」の原理を用いて学習内容が設定される。国際的な学力調査で知られるIEA（国際教育到達度評価学会）によれば，カリキュラムには学習指導要領など国家や教育制度によって作成される「意図したカリキュラム」，現場の教師が教育環境や子どもの条件を踏まえて作成する「実施

したカリキュラム」、そしてこうしたカリキュラムを通して子ども自身が獲得した内容をさす「達成したカリキュラム」の3つがあるとしている。一方、このように組織化され、意図的に実施されるカリキュラムとは別に、こうした働きかけとは無関係に子どもが学習する内容がある。そのカリキュラムは学校や教師による計画的・意図的なカリキュラムである「顕在的カリキュラム」「公式的カリキュラム」に対して、「潜在的（隠れた）カリキュラム」といわれる。「潜在的カリキュラム」は、学校生活のなかで児童生徒が仲間との関係や教師との関係、学校や教室の雰囲気、教師の雰囲気や言動などや教師が示す価値意識や行動規範などから知らず知らずのうちに児童生徒が学び取り、人間形成に影響を与えるもので、「顕在的カリキュラム」とともに重要な働きをしている。

　柴田義松は、学校教育の教育課程は学習指導要領に編成の基準が示されているものの、具体的な編成は各学校で行い、さらに実際の教室での教育活動に関する教育課程の編成は「教師と児童・生徒」により作成されるとし、実際の教育課程は「国・学校・教師」の3つのレベルの構造をなしていると述べている。そのうえで、教育課程の基本問題とは、「学校で何を、いつ、どのような順序で教え、学ぶのか」に関わる問題だとし、「だれが学校の教育課程を編成するのか」という編成主体のあり方やその組織や権限の所在に関する問題、「何を教育内容として選択し、構成するか」という内容選定の基準や原理に関する問題、「学校の教育活動を全体としてどのように構成するか」という教育課程の全体構造に関する問題、そして「学校の教育課程をどのように客観的に評価し、改善に役立てていくか」という教育課程の評価・改善に関する問題の4点をあげている。私たちが教育課程を編成するうえで、私たちが継承してきた文化遺産のなかから何を選択し、それらをどのように教育課程で編成するのか、教育学のさまざまな領域と関連させることで検討することが必要である。

❷ 学習指導要領の変遷

　戦後、日本国憲法の理想を実現するため、教育基本法にはその実現のための

教育の理念が掲げられ，学校教育法ではこの理念をもとに各学校種の目的と目標が定められている。目的や目標を達成するために各学校で編成されるのが学校教育法施行規則の定めによる教育課程であるが，あわせて編成の際に「教育課程の基準」となるのが学習指導要領である。学習指導要領は文部科学大臣が作成，公示すると定められ，1947年に初めて作成されて以来，ほぼ10年ごとに改訂されている。ここでは学習指導要領がどのような背景により改訂されてきたのかをたどり，戦後の教育課程の変遷を確認していきたい。

1. 1947, 51（昭和22, 26）年版（試案）

　日本は第二次世界大戦での敗戦をうけ，連合国軍の統治下に入った。GHQ（連合国軍最高司令官総司令部）は教育改革を五大改革指令のひとつとして掲げ，教育担当部局 CIE（民間情報教育局）のもとで，教育の民主化が進められた。1946年に来日した第一次アメリカ教育使節団が作成した「アメリカ教育使節団報告書」では，戦前日本の中央集権的で画一的なカリキュラム編成を厳しく批判し，戦前の上意下達的で，詰め込み（注入）主義，画一主義の教育方法を見直して，アメリカの「コース・オブ・スタディー」をモデルとする最初の学習指導要領が発行された。

　この学習指導要領は，デューイを中心とするアメリカ新教育運動の流れをくんだ児童中心主義・経験主義を導入し，「児童の現実の生活」を教育の出発点として子どもの生活経験を重視し，子どもの興味や自発性がきわめて重要であるとした。「一般編」と51年改訂で示された「教科編」からなるこの学習指導要領はともに「試案」とされ，教師が地域性や学習者の特性に応じて自主的な教育内容を作成する際の「手引き」とされたことで，それぞれの地域に応じた独自の教育プランが作られた。

　小学校の教科は，戦前の修身，公民，地理，歴史が廃止される一方，社会，家庭，自由研究の3科が新設され，国語，算数，理科，音楽，図画工作，体育とあわせて9教科で構成された。その後51年の改訂で「自由研究」が廃止され，「教科以外の活動」が新設された。

2. 1958, 60（昭和 33, 35）年版

　1950 年代にはいると，「冷戦」により国際社会が大きく変化した。それにともなう政府の「逆コース」政策が教育政策にも反映され，戦後「新教育」が大きく転換されることとなった。高度経済成長の進展にあわせ，科学技術の向上に向けた人材育成への対応を求められる一方，児童中心主義・経験主義の教育が基礎学力の低下を引き起こしているとの批判がおこり，系統学習の必要性を求める動きが強まった。教育に対する国の権限が強化され，教育行政が再び中央集権化するなかで，学習指導要領が改訂された。この改訂では，「試案」が削除されて文部省による「告示」となり，要領が教育課程の基準であることを明確にし，法的拘束力をもつ国家基準とされた。内容も系統主義を重視する編成となった。この改訂の特徴として，①基礎学力の充実のため小学校では国語，算数を重視して時間数を増加し，学習内容を系統化，②科学技術教育の向上のため小学校の算数，中学校での数学，理科を充実，③国内外の政治情勢を背景に道徳教育の徹底が求められ，週 1 時間の「道徳」の時間を特設，の 3 点があげられる。

3. 1968〜70（昭和 43〜45）年版

　1950 年代後半以降，高度経済成長の進展により，経済界からは科学技術革新の進行と経済成長とを支える人材育成に対応した教育政策の策定が求められ，教育課程審議会は，高度経済成長のもと，学習・身体・生活の基礎基本を重視し「調和と統一」のある人間形成を求める教育課程改善を答申した。さらにアメリカのブルーナー (J. S. Bruner) を中心に提唱された「学問中心カリキュラム」による「教育の現代化運動」が世界的規模で展開するなか，科学技術の進展に対応するため，高度で科学的な教育を展開する「教育内容の現代化」を中心に改訂が進められた。小学校の教育課程は各教科，道徳，特別活動の 3 領域で構成され，「教育の現代化」を最も反映する算数と理科が重視された。また，特別教育活動と学校行事の内容が整理統合されて，特別活動となり，「調和と統一」のもと集団として活動に関わる人間形成がめざされた。

4. 1977, 78（昭和52, 53）年版

　「教育の現代化」によるカリキュラムにより，教育内容が高度で過重となり，教科の授業が単なる詰め込み教育に陥った。基礎的な学習が軽視される一方で，学習時間は不足したため「落ちこぼれ」が量産され，学校生活に不適応を引き起こした子どもたちによる問題行動が顕在化し，能力主義的な教育は「偏差値」教育に象徴される激しい受験競争を生んだ。そこで，1960年代アメリカで提唱された人間性重視の「人間中心カリキュラム」を導入した改訂が行われた。この改訂では，「豊かな人間性の育成」をめざし，「ゆとりある充実した」学校生活が目標となった。カリキュラムの「弾力化」を図って，「ゆとりある教育課程の編成」が可能となり，授業内容の精選によって教育内容と授業時間数を削減し，小学校での高度な内容は中学校や高等学校に移行した。また各学校の創意工夫の時間にあてる「ゆとりの時間」が設定された。

5. 1989（平成元）年版

　1980年代に入ると，生涯学習社会，少子高齢化社会，国際化・情報化社会などの言葉が登場し，戦後社会の変化が顕著となった。臨時教育審議会（1984〜87）の最終答申では，これまでの日本の教育の問題点を指摘したうえで，今後の教育において「個性重視」「生涯学習体系への移行」「国際社会への貢献と情報化への対応」が必要であると提言した。教育課程審議会答申（1987）の「教育課程の基準の改善のねらい」では，「心豊かな人間の育成」「自己教育力の育成」「基礎・基本の重視と個性教育の推進」「文化と伝統の尊重と国際理解の推進」が示され，変化する社会に対応した教育の必要性が求められた。改訂では，「社会の変化に自ら対応できる自己教育力のある，心豊かな人間の育成」が掲げられ，教育課程は幼稚園から高校までを一貫したものととらえ，小学校低学年に「生活科」が新設された。また，中学校では教科選択を拡大して個性化・自由化の方向性を打ち出し，高校では社会科が地理歴史科と公民科とに再編され，家庭科が男女必修となった。

　この改訂の総則では，「自ら学ぶ意欲と社会に主体的に対応できる能力の育

成」を図り，「基礎的・基本的な内容の指導」を徹底し，「個性を生かす教育の充実」をめざしたが，その実現のためにこれまで重視していた「知識・理解」「技能・表現」の観点にかわり，「関心・意欲・態度」および「思考・判断」の観点を学力の基本とする「新しい学力観」が登場した。

6. 1998, 99（平成10, 11）年版

　1996年の中央教育審議会答申「21世紀を展望した我が国の教育の在り方について（第1次答申）」では，「いかに社会が変化しようと，自分で課題を見つけ，自ら学び，自ら考え，主体的に判断し，行動し，よりよく問題を解決する資質や能力」，「自らを律しつつ，他人とともに協調し，他人を思いやる心や感動する心など，豊かな人間性」，「たくましく生きるための健康や体力」である「生きる力」がこれからの子どもたちにとって必要であるとし，この育成が重要であるとされた。教育課程審議会答申「教育課程の基準の改善のねらい」（1998）では，豊かな人間性や社会性，国際社会に生きる日本人としての自覚の育成」「多くの知識を教え込む教育を転換し，子どもたちが自ら学び自ら考える力の育成」「ゆとりのある教育を展開し，基礎・基本の確実な定着と個性を生かす教育の充実」「各学校が創意工夫を生かした特色ある教育」「特色ある学校づくり」が掲げられ，「完全学校週5日制の下で，各学校がゆとりのある教育活動を展開し，子どもたちに〈生きる力〉をはぐくむ」ことを改善の基本的視点として改訂が実施された。この改訂の特徴はまず，学校週5日制の導入にともなって教育内容が厳選され，高度な内容に関しては上級学校への移行統合により教育内容が3割削減されたことである。第二の特徴は，「総合的な学習の時間」の導入である。「総合的な学習の時間」は自ら学び自ら考える力の育成にとって極めて重要な役割を果たす活動であり，そのため各学校が創意工夫を生かした特色ある教育活動を一層展開できるようにした。教育課程審議会答申では，「総合的な学習の時間」創設の趣旨を，各学校が創意工夫を生かした特色ある教育活動を実施することで，横断的・総合的な学習や児童生徒の興味・関心等に基づく学習などにより，「自ら課題を見つけ，自ら学び，自ら考え，主体的

に判断し，よりよく問題を解決する資質や能力を育てること」であるとし，「情報の集め方，調べ方，まとめ方，報告や発表・討論の仕方などの学び方やものの考え方を身に付けること，問題の解決や探究活動に主体的，創造的に取り組む態度を育成すること，自己の生き方についての自覚を深めること」で，各教科等で習得した知識や技能などが相互に関連づけられ，深められ児童生徒のなかで総合的に働くものであるとしている。

「ゆとり教育」の集大成といわれたこの改訂は，折しも大学生の学力低下問題や国際学力調査での結果から巻き起こった「学力低下」問題により，実施直前で不安と批判が高まることとなった。そこで文部科学省は完全実施直前の2002年1月に「確かな学力の向上のための2002アピール「学びのすすめ」」を発表し，「確かな学力」重視の方針を打ち出す一方，これらの批判に応える形で2003年12月，学習指導要領の一部改訂を実施した。この一部改訂では学習指導要領の基準性を踏まえた指導の一層の充実を図るために，学習指導要領は最低基準としながらも，児童の実態によっては学習指導要領に記載されていない内容を加えて指導でき，習熟度別指導，補充・発展学習等の方法を例示して個に応じた指導の一層の充実を図ることとしたことで，「確かな学力」への政策転換を余儀なくされた。

7. 2008, 09（平成20, 21）年版

この改訂では，「知識基盤社会」への対応と教育基本法・学校教育法改正を踏まえた教育課程のあり方が検討された。2005年の中央教育審議会答申「我が国の高等教育の将来像」のなかで示された「知識基盤社会」とは，「知識が社会・経済の発展を駆動する基本的な要素となる社会」であり，グローバル化が一層進み，競争と技術革新が絶え間なく生まれる現代において，知識の進展がしばしば旧来のパラダイム転換をともなうことから，幅広い知識と柔軟な思考力に基づく判断が一層重要になる社会であるとした。知識基盤社会では，変化に対応する能力として〈課題を見いだし解決する力〉，〈知識・技能の更新のための生涯にわたる学習〉，〈他者や社会，自然や環境と共に生きること〉など

が子どもたちに求められるとしている。そして，この「知識基盤社会」を担う子どもたちにとって必要な力となるのが「生きる力」であるとされ，1998, 99年の改訂で登場した「生きる力」を育成する理念がこの改訂でも引き継がれた。今回の改訂で知識基盤社会を生きるうえで求められる学力として採用された概念が，PISA（OECD 生徒の学習到達度調査）によるリテラシーの概念と OECD（経済協力開発機構）が定義したキー・コンピテンシーの概念である。PISA による学力調査結果から「読解力」（＝PISA 型読解力）に課題があると指摘されたことから，文部科学省は 2007 年より全国学力・学習状況調査を実施し分析を行った。その結果，リテラシーにあたる「知識活用力」を問う問題 B の結果から，子どもたちの学力のうち「思考力・判断力・表現力等を問う読解力や記述式問題，知識・技能を活用する問題」に課題があることが明らかになり，知識・技能を活用する力を身につけることが必要であるとされた。一方，OECD による「能力の定義と選択」（DeSeCo）プロジェクトにより示された概念であるキー・コンピテンシーは，「充実した人生」を送り，「うまく機能する社会」を実現するために，個々が身につけるべき能力で，「道具を相互作用的に用いる」「異質な人々からなる集団で相互に関わりあう」「自立的に行動する」の 3 つのカテゴリーで構成されているものである。ちなみにキー・コンピテンシーに関しては，「生きる力」を先取りしたとの中教審の評価があり，「生きる力」がこの改訂でも引き継がれた根拠になっている。

　2006 年には教育基本法が，翌 07 年には学校教育法が改正された。教育基本法第 2 条には 5 つの教育の目標が，学校教育法第 21 条には義務教育として行われる普通教育の目的を実現するために 10 の目標が示され，教育の目的と目標が定められたことで，学力の要素も明確化した。またその要素は，基本的・基礎的な知識・技能の習得，知識・技能を活用して課題を解決するために必要な思考力・判断力・表現力等，学習意欲，の 3 点であると定めた。

　これらを踏まえた今回の改訂では，改訂の基本的な考え方として，「基礎的・基本的な知識・技能の習得」「思考力・判断力・表現力等の育成」「確かな学力を確立するために必要な授業時数の確保」「学習意欲の向上や学習習慣の確立」

「豊かな心や体の育成のための指導の充実」などがあげられ，これらを踏まえた教育内容に関する主な改善事項として，言語活動の充実，理数教育の充実，伝統や文化に関する教育の充実，道徳教育の充実，体験活動の充実，小学校段階における外国語活動などが示された。

　なお，1958 年改訂の際に小・中学校における教育領域として特設された「道徳」が，学校教育法施行規則の改正により教科書を作成し，評価を行う「特別の教科である道徳」(道徳科) とされた。2015 年 3 月には学習指導要領が一部改正され，2017 年の学習指導要領改訂に先駆けて，2018 年から小学校で，19 年には中学校で実施された (p. 94 コラム参照)。

❸ 2017 年 (小・中学校)，18 年 (高等学校) 改訂学習指導要領の特徴

　2016 年，中央教育審議会より「幼稚園，小学校，中学校，高等学校及び特別支援学校の学習指導要領の改善及び必要な方策等について」が答申された。このなかで，子どもたちの現状として，現行の学習指導要領の成果により，子どもの学力が改善傾向にあるとする一方，自らの考えを述べることや学習したことを生活や社会での課題解決に生かすことに課題があり，変化のスピードがさらに速まり，複雑で予測困難なこれからの社会のなかで，主体的に関わり，よりよい社会の担い手となる力が重要であると指摘している。これらの力を育成するうえで，これまで掲げてきた「生きる力」をとらえ直し，学校と社会とが認識を共有し，相互連携することが求められているとして，「生きる力」の理念の具体化とその育成のために教育課程を改善することが必要であると述べている。

　2017 年 3 月，これまでの学習指導要領の枠組みを見直し，「社会に開かれた教育課程」の理念の実現を掲げて，小学校・中学校学習指導要領が改訂された。総則では，これからの時代に求められる教育の実現のため，「よりよい学校教育を通してよりよい社会を創るという理念を学校と社会とが共有」したうえで，各学校が必要な学習内容をどのように学び，どのような資質・能力を習得でき

るかを教育課程において明確にし，社会の連携・協働によって実現を図っていく「社会に開かれた教育課程」の実現が重要であるとし，そのために各学校が「主体的・対話的で深い学び」の実現に向けた授業改善を通して，創意工夫を生かした特色ある教育活動を展開し，児童生徒に「生きる力」の育成を目指すとしている。そこで，今回の改訂では，どのような資質・能力の育成を目指すのか（「何ができるようになるか」）を明確化し，すべての教科を「知識及び技能が習得されるようにすること」（「知識及び技能」），「思考力，判断力，表現力等を育成すること」（「思考力，判断力，表現力等」），「学びに向かう力，人間性等を涵養すること」（「学びに向かう力，人間性等」）の３つの柱で整理した。さらに，各学校に対しては，児童生徒や学校，地域の実態を把握し，教育目標等の実現に必要な教育内容等を教科等横断的視点で構成し，教育課程の実施状況の評価・改善を図り，教育課程の実施に必要な人的・物的体制の確保・改善等を通して，教育課程に基づき組織的，計画的に各学校の教育活動の質向上を図る「カリキュラム・マネジメント」の確立を求めた。教科に関しては，新たに小学校5，6年生に教科として「外国語科」が，小学校3，4年生に「外国語活動」が導入された。

2018年2月，高等学校学習指導要領が改訂された。改訂の基本的な方向性は小学校・中学校学習指導要領と同様であるが，2016年に選挙権が18歳以上に引き下げられたことを踏まえ，社会で求められる資質・能力の育成，生涯にわたり探究を深める未来の創り手を育成することが求められるとし，そのためには知識を関連付けて深く理解し，情報を精査して考えを形成したり，課題を解決したり，思考したことを基に創造したりする学習過程を重視した「主体的・対話的で深い学び」の実現できる授業改善が必要であるとしている。教科については，「公共」や「歴史総合」をはじめ，55科目中27科目が新設または大幅に内容が変更されることになった。また，小中学校で道徳が「特別の教科」になったことで，高等学校では道徳教育推進教師を中心に全教師が道徳教育を展開することが規定され，「公共」，「倫理」，「特別活動」が指導の場面になることが明記された。

戦後日本のカリキュラムは，「教科主義」か「経験主義」，あるいは「ゆとり」か「詰め込み」かという「振り子の原理」(＝往還運動) の観点で議論がされてきた。今回の改訂が，この議論を超えていけるかどうかが今後の学習指導要領のあり方を考えるうえで大きな焦点となる。児童生徒にとってよりよいカリキュラムとは何か，引き続き検討が必要である。

④ 幼児教育・保育のカリキュラム

1. 幼稚園

1947 (昭和 22) 年に学校教育法が公布され，幼稚園は学校教育機関のひとつと定められた。文部省内に「幼児教育内容調査委員会」が設置され，1948 (昭和 23) 年「保育要領」が発行された。倉橋惣三を中心に作成された「保育要領」は「幼児教育の手引」という副題がつけられ，幼稚園の教育課程の基準が示されたが，幼稚園教育だけでなく，保育所や家庭教育などの手引書としての性格ももっていた。これまでの幼稚園教育の研究成果や実践を基礎としながらも，新しい幼児教育の方向を示し，戦前にだされた「幼稚園令」と異なる画期的な内容となった。幼児の生活全体が保育内容とされ，保育内容は経験であるとし，幼児期の発達の特徴が示され，幼児の自由で，自発的な活動が重視された。保育内容は「楽しい幼児の経験」として「見学」「リズム」「休息」「自由遊び」「音楽」「お話」「絵画」「製作」「自然観察」「ごっこ遊び・劇遊び・人形芝居」「健康保育」「年中行事」の 12 項目が挙げられた。

1956 (昭和 31) 年，「保育要領」は改訂され，「幼稚園教育要領」が発行される。「幼稚園教育要領」は学校教育法施行規則に示される教育課程の基準とされ，改訂の要点として，①保育内容について，小学校との一貫性をもたせる，②幼稚園教育の目標を具体化し，指導計画の作成に役立つものとする，③幼稚園教育における指導上の留意点を明らかにする，の 3 点が示された。教育内容については，幼稚園教育の目的を実現するために旧学校教育法第 78 条に定める目標に従って「領域」に分類し，領域ごとに「幼児の発達上の特質」と「望まし

い経験」を示した。領域は「健康」「社会」「自然」「言語」「音楽リズム」「絵画製作」の 6 つが示されたが，幼児の具体的な生活経験はほとんどがいくつかの領域にまたがり，交錯して現れるもので，組織的に指導計画を立案するための便宜的なものであり，小学校の教科とは大きく異なるものであるとしている。

　幼稚園教育要領の制定後，系統的・計画的な保育が全国的に展開される一方，保育内容が領域別に区分されて，学校の時間割のように教育課程を作成する動きも起こるなかで，1964（昭和 39）年に幼稚園教育要領が改訂された。この改訂は告示とされ，「指導計画」から幼稚園教育における「教育課程」と明記し，国の基準として公示された。この改訂では，学校教育法に示す目的・目標の達成のため 11 の基本方針が示され，教育課程については幼児の心身の発達の実情ならびに幼稚園や地域の実態に即応して，適切に編成することとした。各領域には，幼稚園教育の目標を達成するために，幼稚園修了までに幼児に指導することが望ましい「ねらい」が示され，幼児の具体的，総合的な経験や活動を通して達成されるものであるとした。そのため，望ましい幼児の経験や活動を適切に選択し配列して，調和のとれた指導計画を作成し，実施することを求めた。この改訂では，自発的・主体的な子どもの活動の展開が期待されたが，引き続き望ましい経験や活動が列記された教育課程となってしまい，要領の意図が十分に浸透しなかった。

　この 1964 年改訂要領は，実に 20 年以上にわたり幼児教育の基準となるが，領域主義的で幼児の自発的な活動が十分に保障されず，保育者主導の幼児教育に陥っていた。そこで，これらの問題点を踏まえ，1989（平成元）年に幼稚園教育要領が改訂された。この改訂では，「幼稚園教育は環境を通して行う」ことが「幼稚園教育の基本」として明示され，安定した情緒のもとで幼児期にふさわしい生活ができること，幼児の自発的な活動としての遊びは学びであり，遊びを通して総合的な指導を行うこと，幼児一人ひとりの特性に応じて，発達に応じた指導を行うことが重視された。領域に関しては，小学校の教科を想起させるような名称に代わり，「健康」「人間関係」「環境」「言葉」「表現」に改められた。領域に示された「ねらい」に関しても「幼稚園修了までに育つこと

が期待される生きる力の基礎となる心情，意欲，態度など」とされ，「ねらいを達成するために指導する事項」が内容であると定められた。

1998年に3度目の改訂が行われた。1989年改訂要領の基本的考え方を引き続き維持し，5領域についても継続されたが，教師が計画的に環境を構成すべきことや幼児の活動場面での果たすべき役割が明確に示された。また指導計画作成の際には，小学校との連携や子育て支援活動，預かり保育など幼稚園運営の弾力化が求められた。

2006年の教育基本法改正により，第11条に「幼児期の教育」が新設され，幼児期の教育が，生涯にわたる人格形成の基礎を培う重要なものとされた。続く2008年の中央教育審議会答申「幼稚園，小学校，中学校，高等学校及び特別支援学校の学習指導要領等の改善について」では，幼稚園教育への改善事項が示され，こうした動きのなかで，2008年に4度目の改訂が実施された。改善事項の基本方針では，まず幼稚園教育において，近年の子どもの育つ環境の変化や社会変化に対応して，「発達や学びの連続性」，「幼稚園での生活と家庭などでの生活の連続性」を踏まえた幼児教育の充実が求められた。子育て支援と「教育課程に係る教育時間の終了後等に行う教育活動」（預かり保育）については，その活動の内容や意義を明確化し，預かり保育の教育活動については幼稚園における教育活動として適切な活動となるよう求めた。とくに子育て支援に関しては，幼稚園が地域の幼児教育センターとしての役割を果たすことが期待されており，地域や社会の要請に向けた体制の充実が求められる。幼稚園教育については，引き続き「環境を通して行う教育」が基本とされたが，幼児教育においても「生きる力」の基礎を育成することとされた。この「生きる力」の基礎とされたのが心情，意欲，態度などのねらいであり，学びの動機となる情意的側面の育成をめざすものとなっている。

2017年，「幼稚園教育要領」は学習指導要領と同時に改訂され，学習指導要領と同様に「社会に開かれた教育課程」の実現が求められることになった。育成を目指す資質・能力についても幼稚園から高等学校が共通して明確にすることとなり，幼稚園教育で「育みたい資質・能力」の三つの柱が以下のように整

理された。すなわち「知識及び技能の基礎」(豊かな体験を通じて，感じたり，気付いたり，分かったり，できるようになったりする)，「思考力，判断力，表現力等の基礎」(気付いたことや，できるようになったことなどを使い，考えたり，試したり，工夫したり，表現したりする)，「学びに向かう力，人間性等」(心情，意欲，態度が育つ中で，よりよい生活を営もうとする) である。さらに今回，5 領域のねらいと内容に基づく活動全体を通して資質・能力が育まれている幼児の幼稚園修了時の具体的な姿として 10 項目の「幼児期の終わりまでに育ってほしい姿」が示され，小学校教育が円滑に行われるよう，小学校の教師との意見交換や合同の研究の機会などを設け，「幼児期の終わりまでに育ってほしい姿」を共有するなど連携を図り，幼稚園教育と小学校教育との円滑な接続を図るよう努めるものとされた。「幼稚園教育要領」は，今回「保育所保育指針」「幼保連携型認定こども園教育・保育要領」と初めて同時に改訂された。保育所，幼保連携型認定こども園は幼稚園と並んで「幼児教育を行う施設」と位置づけられ，幼稚園と同様の「育みたい資質・能力」「幼児期の終わりまでに育ってほしい姿」が示された。幼稚園では，この「幼児期の終わりまでに育ってほしい姿」を踏まえ教育課程を編成，評価，改善を図り，また教育課程の実施に必要な体制の確保と改善を図ることで，教育課程に基づいて組織的・計画的に幼稚園の教育活動の質向上を図る「カリキュラム・マネジメント」の考え方が求められた。

2. 保育所

　1947 (昭和 22) 年に児童福祉法が制定され，戦前の「託児所」が保育所と改称され，「日日保護者の委託を受けて，その乳児又は幼児を保育する」児童福祉施設として位置づけられた。翌 1948 (昭和 23) 年，「児童福祉施設最低基準」が定められ，保育所の保育内容が規定された。その保育内容とは，「健康状態の観察」「個別検査」「自由遊び」「午睡」「健康診断」で，「自由遊び」については「音楽，リズム，絵画，製作，お話，自然観察，社会観察，集団遊び等を含むもの」とされた。同年発行された「保育要領」は，前述の通り保育所の手引書とされたが，1950 (昭和 25) 年に発行された「保育所運営要領」に，保育

所の意義，対象，任務，保育内容について述べられている。

　1965（昭和40）年に，初めての「保育所保育指針」が制定される。指針では，保育所保育の理念，保育内容，保育方法などが示され，保育所は「養護」と「教育」の両方の機能をあわせもつ場となったが，保育内容の構成については，1963（昭和38）年の文部省・厚生省共同通知「幼稚園と保育所との関係について」において，「保育所のもつ機能のうち，教育に関するものは，幼稚園教育要領に準ずるものが望ましい」とされたため，4歳以上に関しては幼稚園の6領域が採用された。

　1965年の制定後，乳幼児を取り巻く環境が大きく変化し保育ニーズも多様化するなか，1989（平成元）年に幼稚園教育要領が改訂されたが，翌1990（平成2）年には保育所保育指針も改訂された。改訂では，幼稚園教育要領にならい6領域から5領域となり，3歳未満については基礎的な事項とともに一括して表された。保育内容については「年齢区分」とされて「発達の主な特徴」が示され，また「養護」的機能が強調され，「養護」と「教育」の両面から示された。

　1998（平成10）年に幼稚園教育要領が改訂されたことにともない，保育所保育指針も1999（平成11）年に改訂された。この改訂では，家庭や地域の教育力の低下にともない，地域の子育て支援の役割が求められた。改訂の内容として，保育所における地域の子育て家庭に対する支援機能を位置づけ，研修を通じた保育士の専門性の向上，家庭，地域社会，専門機関との連携，協力関係の必要性，乳幼児突然死症候群の予防，アトピー性皮膚炎対策，児童虐待等への対応，多様な保育ニーズへの対応，などが示された。

　これまで厚生省局長による「通知」であった保育指針は，2008（平成20）年改訂より厚生労働大臣の「告示」となり，法的拘束力をもつことになった。この改訂の要点は次の4点である。第一に，保育所の役割が明確化されたことである。子どもの保育を総合的に実施する役割を担うとともに保護者に対する支援も明記され，保育所の社会的責任についても規定された。第二に，保育の内容の改善である。発達過程を踏まえた子ども理解や保育を実施し，保育所の特性である「養護と教育の一体的な実施」を明確化し，健康・安全の体制を充実

させ，小学校との連携に取り組むことが奨励された。第三が保護者支援である。入所する子どもの保護者に対する支援・地域での子育て支援について定めることとした。第四に，保育の質を高める仕組みを作ることである。「保育計画」を「保育課程」と改めて，保育課程を編成することにより保育所全体で組織的・計画的に保育に取り組み，一貫性，連続性のある保育実践をめざし，職員の研修や自己研鑽等を通じて，職員の資質向上と職員全体の専門性の向上を図ることとされた。

　前項の幼稚園で述べたように，2017 年「保育所保育指針」が「幼稚園教育要領」「幼保連携型認定こども園教育・保育要領」と同時に改訂され，「幼児教育を行う施設」として位置づけられた保育所は，幼稚園，幼保連携型認定こども園と連携して「育みたい資質・能力」「幼児期の終わりまでに育ってほしい姿」を共有することになった。また今回の改訂では，乳児・3 歳未満児保育の記載の充実が図られ，乳児，3 歳未満児の保育のねらいと内容が別に記されることとなった。3 歳以上児の保育のねらいと内容についても幼稚園，幼保連携型認定こども園との整合性が確保された。保育所が地域での子育て支援の役割が重要となってきていることから，保護者と連携して「子どもの育ち」を支えるために「保護者に対する支援」の章を「子育て支援」に改め，記載内容も充実した。

3. 幼保連携型認定こども園

　2006 年 10 月に誕生した認定こども園は，発足時，認定こども園としての機能を果たす次の 4 つのタイプが認められた。①幼保連携型—幼稚園機能と保育所機能の両方をあわせもつ単一の施設，②幼稚園型—認可幼稚園が，保育が必要な子どもたちのための保育時間を確保するなど，保育所的な機能を備える，③保育所型—認可保育所が，保育が必要な子ども以外の子どもも受け入れるなど，幼稚園的な機能を備える，④地方裁量型—幼稚園・保育所いずれの認可もない地域の教育・保育施設が，認定こども園として必要な機能を果たす。2012（平成 24）年，認定こども園法の改正により，学校教育法に基づき認可された

幼稚園と児童福祉法に基づき認可された保育所をもつ「幼保連携型」が廃止され，「学校及び児童福祉施設としての法的位置付けを持つ単一の施設」，つまり新たな「幼保連携型認定こども園」が創設された。学校と児童福祉施設の両方の性格をもつ「幼保連携型認定こども園」が生まれたことで，幼児期の学校教育および保育の総合的な提供を行うため，「幼保連携型認定こども園」の教育課程，教育・保育の内容に関する基準として 2014（平成 26）年 4 月に「幼保連携型認定こども園教育・保育要領」が策定されることになった。

　要領の基本的な考え方として，「環境を通して行う教育及び保育を基本」とし，5 領域を維持するなど幼稚園教育要領と保育所保育指針との整合性を確保したこと，小学校児童との交流の機会や小学校教師との意見交換・合同の研究の機会を設置するなど小学校における教育との円滑な接続に配慮すること，0 歳から小学校就学前までの一貫した教育・保育を発達の連続性を考慮して展開し，生活の連続性や生活リズムの多様性に配慮して在園時間・入園時期・登園日数の違いを踏まえ，一人ひとりの状況に応じて工夫し，満 3 歳未満と満 3 歳以上の園児のそれぞれで環境の構成の工夫を明示するなど，認定こども園としてとくに配慮すべき事項を考慮することの 3 点があげられた。

　2017 年，先述のように，「保育所保育指針」「幼稚園教育要領」と同時に「教育・保育要領」も改訂された。保育所の項で述べたように幼稚園，保育所との一体化が図られたが，「教育・保育要領」では，在園期間や時間等が異なる多様な園児がいることへの配慮，2 歳児から 3 歳児への移行に当たっての配慮，子育ての支援に当たっての配慮などを踏まえた改訂がなされた。

❺ 学習指導の形態

　学習指導の形態とは，教師と学習者である子どもたちとが学習活動を進めるうえでの仕方であり，学習内容や学習集団に応じて適切な形態で行うことが効果的である。そこで学習集団ごとにみられる学習指導の形態をみていきたい。

1. 一斉学習

　一人の教師が多数の子どもに対して一定の時間で一斉に一様に同じ内容を教える学習方法で，日本では明治初期，外国人教師スコット（M. M. Scott）により導入された「助教法」に始まる。「助教法」とは，産業革命期にベル（A. Bell）とランカスター（J. Lancaster）によりほぼ同時に考案された教授法で，少数の教師が，優秀な子どもを助教（モニター）にして，この助教によって多くの子どもたちに同一の教材を教授させるもので，ベル＝ランカスター方式あるいはモニトリアル・システムといわれる。一斉学習は，明治以降急速な近代化が求められた日本においては，子どもたちに対して教育内容を速やかに習得させるうえでは効果的な方法であったが，教師による画一的，一方的な知識の詰め込み（注入）となり，個々の子どもの学習への関心，理解に十分配慮することができない。そこで教師が指導法を工夫したり，子どもが興味・関心をもてるような学習内容を選択したり，学習内容によって形態を変更したりすることが重要である。

2. グループ学習

　クラスの子どもたちを数人に分け班別の学習グループを編成して行う方法で，日本では比較的以前より実践されてきた。グループ学習としては，1950 年代にアメリカで考案されたティーム・ティーチング（TT）があり，複数の教師が一定の役割を分担してグループ分けされた子どもたちを指導するものである。同様にアメリカで考案されたのが「バズ学習」である。討議法であるバズ・セッションを学校教育に応用したもので，話し合う様子が蜂の羽音（= buzz）に似ていることから名づけられた。バズ学習では，自由に発言し積極的に議論に加わることで主体的な参加が可能で，自分では気づかないことやあらたな視点を得ることが可能になる。グループ学習は，共通の課題に向かって共同で主体的，能動的に取り組むことで学習を発展，深化させる効果がある一方，課題によっては学習者全員が参加できない場合があったり，学習に集中できないと効果的ではない場合もあるので，学習内容や学習場面がグループ学習に適切かど

うかを吟味したうえで実施することが大切である。

3. 個別学習

　個別学習は江戸時代の寺子屋での学習形態としても知られているが，20世紀のアメリカで一斉学習による弊害への批判から生まれ，子ども一人ひとりの学力や興味，関心などに応じた学習方法が考案された。代表的なものとしてパーカースト（H. Parkhurst）がマサチューセッツ州ドルトン市の実践より考案したドルトン・プランとウォッシュバーン（C. M. Washburne）がイリノイ州ウィネトカで実践したウィネトカ・プランがある。ドルトン・プランでは，一斉授業や学級を廃止して，子どもが自主的に設定した学習プランをもとにして学習を進め，必要に応じて，教科の担当教師に相談する個別学習法で，これに対しウィネトカ・プランは，子どもの能力に応じて個別に進度を決めて学習する個別学習法に加え，グループ・ディスカッションなどの集団的協力学習を通じて子どもの自主的学習を推進する方法が採用された。またアメリカの行動主義心理学者のスキナー（B. F. Skinner）などが提唱したプログラム学習もある。スキナーはオペラント条件づけ理論を基礎に，学習者はあらかじめ定められた行動変化に向けて条件づけられるとし，「積極的反応の原理」「即時確認の原理（フィードバックの原理）」「スモール・ステップの原理」「学習者自己ペースの原理」「学習者検証の原理」の5つの原理に基づいて学習内容を細分化したプログラムを作成して学習者に与え，個々の学習者のペースで効率的に学習目標に到達できる方法を考案した。

⑥ 新しい教育方法

　1990年代以降，社会が情報化，IT化するなかで学校教育の現場でもコンピューターが配置され，授業でのコンピューターの活用も急増した。近年では電子黒板，電子教科書などのICT（information communication technorogy）の活用が求められ，教育のデジタル化が急速に進んでいる。これらの内容についてはコ

ラム「ICTを活用した授業」(p. 108) で触れているので参照いただきたい。ここでは，2017年改訂の学習指導要領で導入された「主体的・対話的で深い学び」(アクティブ・ラーニング) と令和の日本型学校教育とされた個別最適な学びを取り上げたい。

1. 主体的・対話的で深い学び (アクティブ・ラーニング)

　「アクティブ・ラーニング」は，これまで大学教育などで用いられる教育方法と考えられていた。溝上慎一によれば「一方的な知識伝達型講義を聴くという (受動的) 学習を乗り越える意味での，あらゆる能動的な学習のこと」であるとし，さらに能動的な学習とは「書く・話す・発表するなどの活動への関与と，そこで生じる認知プロセスの外化を伴う」ものであると定義している。[1] 教師による一方的な講義ではなく，学生による能動学習すべてをさし，ディスカッションやプレゼンテーションなどがアクティブ・ラーニングとしてあげられる。しかし，これまでの定義に対し，2012年8月に発表された中央教育審議会答申「新たな未来を築くための大学教育の質的転換に向けて〜生涯学び続け，主体的に考える力を育成する大学へ〜」では「アクティブ・ラーニング」を次のように定義した。それは，「教員による一方向的な講義形式の教育とは異なり，学修者の能動的な学修への参加を取り入れた教授・学習法の総称。学修者が能動的に学修することによって，認知的，倫理的，社会的能力，教養，知識，経験を含めた汎用的能力の育成を図る。発見学習，問題解決学習，体験学習，調査学習等が含まれるが，教室内でのグループ・ディスカッション，ディベート，グループ・ワーク等も有効なアクティブ・ラーニングの方法」というものである。先にあげた溝上の定義と同様，「能動的な学習」である点が同様であるが，アクティブ・ラーニングの目的が「認知的，倫理的，社会的能力，教養，知識，経験を含めた汎用的能力の育成を図る」こととする点が明確に示されていることがポイントとなる。さらに，2014年11月に中央教育審議会が諮問した「初等中等教育における教育課程の基準等の在り方について」のなかでは，次期学習指導要領改訂をふまえ，学習指導要領等の理念を実現するため，各学校での

カリキュラム・マネジメント，学習・指導方法および評価方法の改善を支援する方策のひとつとして，今後アクティブ・ラーニングに対応した教材や評価手法のあり方や開発，普及を図るための支援の必要性について検討するように要請した。この答申を受けて，2017 年改訂の学習指導要領では「アクティブ・ラーニング」の視点からの学びの実現をめざす「主体的・対話的で深い学び」が掲げられた。「主体的な学び」とは「学ぶことに興味や関心を持ち，自己のキャリア形成の方向性と関連」づける学びであり，「対話的な学び」とは「子供同士の協働，教職員や地域の人との対話，先哲の考え方を手掛かり」として「考えを広げ深める」学びであり，「深い学び」とは「習得・活用・探求」という学びの過程のなかで，「問題を見出して解決策を考えたり，思いや考えを想像したりすることに向かう」学び，と定義された。今後は教師による一方的な学習ではなく，児童生徒の能動的な学習を展開するために，現場教員が培ってきた豊かな授業実践が広く紹介され，新しい学びのあり方が創造されることは学習者である子どもたちにとっても有意義であると考える。

2. 個別最適な学び

　日本の学校教育は，富国強兵，殖産興業のスローガンのもとで急速に進展し，明治期の終わりには尋常小学校就学率は 98％を超えた。一方で効率的な教育を目指したため，一斉教授による画一主義，注入（詰め込み）主義に陥った。戦後，GHQ による教育改革で中央集権的で画一主義的な教育が批判され，子どもが教育の主体となる児童中心主義の教育が導入された。しかし，1950 年代のいわゆる「逆コース政策」により，再び画一主義的な教育へとシフトした。1987 年の臨時教育審議会答申では，戦前からの「わが国の根深い病弊である画一性，硬直性，閉鎖性を打破して，個人の尊厳，個性の重視，自由・自律，自己責任の原則，すなわち〈個性重視〉の原則を確立」すべきであると述べ，明治から続く日本の教育の改革の必要性を唱えた。1989 年の学習指導要領総則では「個性を生かす教育の充実に努めなければならない」とし個性重視の原則を示した。その後の改訂でもその原則は掲げられたが，2017，18 年に改訂

された学習指導要領において「個に応じた指導」を一層重視する必要があると明記された。2021（令和3）年に中央教育審議会による答申「「令和の日本型学校教育」の構築を目指して〜全ての子供たちの可能性を引き出す，個別最適な学びと，協働的な学びの実現〜」では，2020年代に実現を目指す学校教育とは「全ての子供たちの可能性を引き出す，個別最適な学びと，協働的な学び」があるとし，これを「令和の日本型学校教育」とした。この教育では，ICT活用と少人数による指導体制の整備により，「個に応じた指導」を学習者視点から整理した概念である「個別最適な学び」とこれまでの「協働的な学び」とを一体的に充実することを目指すとしている。ここでいう「個に応じた指導」とは「指導の個別化」と「学習の個性化」を教師視点から整理した概念であるが，この「個に応じた指導」を学習者視点から整理した概念が「個別最適な学び」である。

　那須正裕によれば，個別最適な学びに関してはすでに戦前の奈良女子高等師範学校附属幼稚園や1980年代の愛知県東浦町立緒川小学校で先駆的な取り組みがあり，また学校現場でも従来から部分的に取り組まれてきたことを踏まえて，「指導の個別化」と「学習の個性化」を「学習者である子どもの視点に立ってどう見えるかを総点検」することが大切であると述べている。そこで個別最適な学びには，「一人ひとりに応じた多様な教材・学習時間・方法等の柔軟な提供」と「自分に最適な学びを自力で計画・実行できる子どもの育成」の2点が重要であると指摘している。2点のうち，後者がより本質的であり，実践では前者と後者を橋渡しし，前者から後者を生み出す鍵が「子どもによる学習の自己決定」であると述べている。自己決定的学習の具体的方法として，子どもに学習順序を選択させる「順序選択学習」，学習課題を子どもが自由に選択できる「課題選択学習」，さらに単元の目標を実現するために適した学習課題や学習活動を，個々の子どもの興味・関心に応じ自由に設定可能な「課題設定学習」をあげている。今後はこうした学習を可能にするため，教員が教材研究に時間を費やすことができる職場環境，学習環境の整備も含めた対応が必須であると考えられる。

【新田　司】

Let's try

1 「潜在的カリキュラム」について調べ，具体的な例をあげなさい。
2 戦後日本の学習指導要領の特徴を改訂ごとにまとめなさい。
3 学校現場で実践されているアクティブ・ラーニングについて調べ，その教育的効果についてまとめなさい。

注

1) 溝上慎一「アクティブラーニング論から見たディープ・アクティブラーニング」松下佳代編著『ディープ・アクティブラーニング』勁草書房，2015 年，p. 32

引用・参考文献

民秋言編『幼稚園教育要領・保育所保育指針の成立と変遷』萌文書林，2008 年

磯部裕子『教育課程の理論—保育におけるカリキュラム・デザイン』萌文書林，2003 年

小田豊監修，野尻裕子・栗原泰子編著『教育原理』光生館，2012 年

柴田義松編著『教育課程論』学文社，2001 年

妹尾彰・枝元一三編著『子どもが輝く NIE の授業—新聞活用が育む人づくり教育』晩成書房，2008 年

田中耕治・水原克敏・三石初雄・西岡加名恵『新しい時代の教職課程〔第 3 版〕』有斐閣，2011 年

奈須正裕『個別最適な学びの足場を組む。』教育問題研究所，2022 年

橋本太朗編著『現代教育基礎論』酒井書店，2010 年

林邦雄・谷田貝公昭監修，高橋弥生編著『保育・教育課程論』一藝社，2012 年

平沢茂編著『改訂版教育の方法と技術』図書文化，2014 年

平野智美編著『教育の理論』八千代出版，2008 年

平野智美監修，中山幸夫・田中正浩編著『教育学のグランドデザイン』八千代出版，2010 年

広岡義之編著『新しい保育・幼児教育方法』ミネルヴァ書房，2013 年

松下佳代編著『〈新しい能力〉は教育を変えるか—学力・リテラシー・コンピテンシー』ミネルヴァ書房，2010 年

松下佳代編著『ディープ・アクティブラーニング—大学授業を深化させるために』勁草書房，2015 年

山田恵吾・藤田祐介・貝塚茂樹『学校教育とカリキュラム【第三版】』文化書房博文社，2015 年

「特別の教科　道徳」のさらなる推進を図って

千葉市立小学校校長　岡田　直美

　1958（昭和33）年の学校教育法施行規則の改正により教育課程に「道徳の時間」が特設されてより60年。「道徳の時間」は、「特別の教科　道徳」として教科化され（以下，道徳科），2018・2019年から小・中学校・特別支援学校で全面実施されることになりました。2011年に大津市で起きたいじめ問題などへの対応が背景にあったこともあり，小学校では，内容項目に「公正，公平，社会正義」などの6項目が加わり，小・中学の発達段階を踏まえた体系的なものに改善されました。社会が複雑化し，児童生徒一人ひとりの価値観も多様です。そのため，道徳性を養うことの意義について，教師の価値観の押しつけではなく，児童生徒が自ら考え，理解し，主体的に取り組めるように，道徳的な課題を一人ひとりの児童生徒が自分自身の問題ととらえ，向き合い，多面的，多角的に「考え，議論する道徳」への転換が図られています。授業では，問題解決的な学習や体験的な学習などを取り入れた，質の高い多様で効果的な指導方法へと工夫が重ねられています。

　教科化により検定教科書が導入されました。児童生徒の実態や発達の段階に合った多様な教材と合わせて使うことが可能で，教師の悩みの種であった，教材選択が容易になったといえます。教材の登場人物に対して自分との関わり（自我関与）で話し合い道徳的価値に迫っていくため，児童生徒の実態に合わせた教材選択はとても重要です。たとえば，学校や児童生徒の間で起きた諸問題に対して担任が学級の子どもたちに規範意識や思いやりの心を高めたいと考えれば，そのねらいに即した教材を活用しながら，道徳科で具体的に議論し合うことで，諸問題の解決もはかられると同時に道徳的価値と出会うこともできるでしょう。

　道徳科の評価においては，数値などによる評価は行わず，児童生徒の学習状況や道徳性に係る成長の様子を把握し，個人内評価として記述により評価します。その評価は児童生徒にとっては，自らの成長の確認となると同時に教師にとっては指導計画や授業改善に役立てていくためのものとなります（いわゆる「指導と評価の一体化」）。「よりよく生きるための基盤となる道徳性を養う」という道徳科の目標とその特質をとらえ，子どもたちが，道徳的諸価値に向き合えるようにしたいものです。

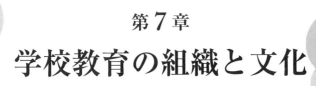

第7章
学校教育の組織と文化

　学校組織，学校文化について考える時，3つの方法がある。第一は，学校について規定している法律から考える教育行政的手法である。第二は，教育現場の教育実践のなかで積み重ねられてきた体験的・実践的考察である。第三は，学校の社会学的，文化的考察である。本章で目指すものは，第一，第二を含んだ第三のものである。

❶ 学校の法律的，行政的特質

　最初に，学校の法律的，行政的特質に関して概観しておこう。

　学校の設置者は，国，地方公共団体，および学校法人である。その設置者が，その設置する学校を管理する。

　公立学校の学校管理権をもつのは教育委員会であり，学校の管理運営全般にわたって責任を負っている。教育委員会は，学校の管理運営に関わる権限の一部を校長に委任し分担させている。校長は，教育委員会の方針や指示に従い学校の管理運営をすることが求められている。

　学校の管理は，①物的管理（施設，設備，教材等に対する管理），②人的管理（教職員の任免，校務分掌，研修等），③運営管理（転入学，教育課程等）の3側面がある。そして，学校にはすべての教職員で公務を分掌する「校務分掌」の仕組みがある。また，地域住民の学校運営への参画を図るものとしてさまざまな制度がある。そのひとつに，地域の有識者が評議員になり，外部からの視点で意見を述べる「学校評議員制度」もある。

子どもたちは，学校の行政的な面だけでなく，学校の組織や文化の特質や実際の教育場面（授業，学校生活等）のあり方によって影響を受ける。

学校の組織を管理，運営していくにあたっては，法規に従うことが重要である。しかし同時に，組織や文化や教育現場の実態にも配慮して適切に行われなければならない。

② 学校の社会的特質

1. 家庭と学校の違い

家庭で育てられていた子どもたちは，学校に入学すると，家庭とは違う学校のさまざまな側面から影響を受ける。

家庭は，自分のありのままが尊重される（属性主義）が，学校では皆努力することが奨励される（業績主義）。家庭では，親が自分の子どもとして贔屓目に見守っていてくれた（個別主義）のに対して，学校では誰に対しても公平，平等に扱われる（普遍主義）。家庭では同時にいろいろなことができた（拡散性）のに対して，学校では時間割があり，その時間にやっていいことが限られている（限定性）。親はかけがえのない存在（取り換え不可）であるのに対して，教師は学年や教科で替わる存在（取り替え可能）であり，学校では機能性が重視されていることを知る。

子どもたちはこのような家庭とは違う学校という場で教育され生活を送るなかで，将来出て行く社会で通用している規範や価値（業績主義，普遍主義，限定性，取り換え可能）を学び，社会化されていく。

2. 教室の形

一般に，教室の形は，長方形で教壇が一段高くなっている。それは 19 世紀初頭のイギリスの教育で導入されたモニトリアム・システムから引き継がれたものである。教師が一時に全部の生徒を監視し統制するのに便利な，「一望監視システム」（フーコー，M. Foucault）になっている。このように，学校・教室

は児童・生徒を統制，監視するように作られている。

　一方，オープンスクール（壁のない学校）は，教師の監視，統制より，児童・生徒の自発性，自主性を重んじた学習のできる空間作りになっている。

　このように，教室の形も，子どもの教育のあり方に影響を与えている。

3. 学校知の特質

　学校で教えられる知識には特徴がある。近代以降の学校は，人格の形成や覚醒をめざすというよりは，子どもたちに知識や技術の断片を外から注入し蓄積させることを重視してきた。また，学校においては口頭によるものより，書かれたものが重視され（Literacy），教育内容は日常生活からかけ離れた抽象的なもので（Abstractness），子どもが有している知識とは関連がなく（Unrelatedness），学習は集団行動より個人作業が主となり，個人単位で成績評価がなされる（Individualism）[1]。

　しかし，現在，知識の活用が重視され，覚えるだけの「化石化した知識」ではなく，活用できる「生成する知識」が学校でも求められるようになっている。

4. 授業の場，カリキュラム

　授業の場は，「教師による問い―生徒による応答―教師による承認」という形で，教師が常に主導権をもち，教科書の中にある知識を生徒に伝えていく形式が取られる場合が多い。

　しかし，教科書主体ではなく，教師と生徒が主体の授業が求められている。教師は「教科書を教える」のではなく，「教科書で教える」のが好ましい。教師は，教科書を使うにしても，自前の資料や補助教材も使いながら，教師独自の判断で，教える内容や方法を工夫する。また，教師は自分の考えを児童・生徒に押し付けるのではなく，何が正しいのかを，生徒とともに探求していく姿勢が求められている。

　学校のカリキュラムには意図的なもの（顕在的カリキュラム）と無意図的なもの（潜在的（隠れた）カリキュラム）がある。

意図的なものとしては，学習指導要領や学校教育目標がある。これらには子どもを育てる明確な意図や目標が明文化されている。学習指導要領に基づき，各教科の教科書は作られ，その教科書には文部科学省の検定がなされ，教育委員会や学校が使用する教科書を決定する。このように教科書は，顕在的カリキュラムの最たるものである。

　それに対して無意図的なものとは，児童・生徒が学校で学び生活することによって，自然に学ぶものである。たとえば，学校に遅刻しない習慣は，社会での時間厳守の態度を形成する。部活の先輩への尊敬は，会社の上司への恭順を生む。男女別履修がある場合は，性別役割分業意識を醸成する。スポーツ競技での競争は，社会の地位獲得競争を自然なものとする。(退屈な) 授業に堪えることは社会での (退屈な) 仕事に堪える態度を養う。このように，学校の潜在的 (隠れた) カリキュラムは，社会の規範や価値・文化の習得に結びついている。

③ 学校の官僚的特質と組織特性

1. 官僚制的特質と非官僚的特質

　近現代の学校は，教育目標達成のために意図的に作られた制度である。そして，学校は他の制度と同様，合理的，効率的，公平に運営されることをめざして，官僚制化している。

　官僚制化とは，規則による標準化，文書化，専門分化，権限の階層化を意味する[2)]。現代の学校は，①校長—(副校長) —教頭—(主幹) —主任といった権限の階梯をもち，②一定の専門的訓練(教員養成) を受け，③教科担任制，校務分掌など，分業して職務を遂行している。

　児童・生徒たちも，①教科書，時間割，成績評価も標準化され，②校則，規則により行動や服装が画一化され，③学年制により年齢で区分され，④習熟度別編成や学校格差のように能力により分けられている。

　しかし，学校は官庁や会社などの他の組織とは違い，官僚制の程度は低い。つまり，①職位の階梯は少ない。上からの権限も強権ではなく，管理職は教員

の意見を尊重する。②教員の分業の程度は少ない。小学校では，担任がほぼ全部の教科を一人で教える。③教師─生徒関係は，親愛，人間性にあふれてこそ教育的といえる。④学級では教師の裁量に任される部分が多い。教師は専門職として，独自の専門的判断を下す余地が十分ある。このように，教職は専門職として自律性をもっている。

2. 教育目標のあいまいさ

さらに，学校の教育目標はあいまいで，その教育目標を達成する手段も明確に確立しているわけではない。「元気な子」「がんばる子」「思いやりのある子」といったあいまいな教育目標が掲げられ，どのような教育方法をとるかは，個々の学校や教師の裁量に任されている。その成果を測る指標も存在しない。

そして，教育に関する専門教育を受けてきた教師の専門的判断への信頼によって，教育が行われる。

しかし，近年このあいまいさを払底し，合理化，標準化，実質化を図ろうとする改革が強まっている。たとえば，全国学力テストの実施やその点数の公表や児童・生徒の問題行動件数の申告や公表により，学校評価がなされたりする。

3. 学校の組織的特性

パーソンズ (T. Parsons) によれば，どのような組織，集団，システムも，その存在を維持・発展させるために，AGIL の 4 つの機能を満たさなければならない。つまり，A (adaptation：適応)，G (goal attainment：目標達成)，I (integration：統合)，L (latency：pattern maintenance and tension management：潜在性。パターンの維持と緊張処理を含む) の 4 機能である。

A は主として当該システムの活動のための資源を外から調達する機能であり，G はシステム全体としての目標を達成する機能である。I はシステム内の諸成員の統合，融和を図る機能であり，L はシステムの成員を動機づけ，一貫性を保ち，成員の不満を解消し，緊張を処理する機能である。

たとえば，学校の存続のためには，学校の施設設備の充実，財政基盤の確立

(A)，学校教育目標の達成や学力の向上 (G)，教職員の団結と融和 (I)，教育指導の一貫性と教職員の緊張の処理 (L) が必要である。

学校組織では A と G は校長が担い，I と L は副校長や教頭が担うという役割分担がなされる場合が多い。

また，学級の存続のためには，〇〇学級として認定され，教室が決められ (A)，効率的な授業を行い (G)，学級成員が仲良くなるための行事を行い (I)，メンバーの緊張処理のための学級会が開かれたりする (L)。どの機能が欠けても，学級の集団の存続が危ぶまれる。

4. チャーター (charter) の視点

組織に対するひとつの視点として，チャーター理論がある。それは，社会が組織としての学校に付与した正当な信任状（チャーター）が，学校組織の効果を生み出すという視点である。メンバーは，社会から組織に付与されたチャーター（社会的期待と言ってもよい）を，多かれ少なかれ内面化し，それに応えようとする。それぞれの学校には，その学校の伝統や過去の実績に基づいて，教師や子どもたちに対する期待の体系が出来上がっている。たとえば，高校の進学校には，大学進学をめざして懸命に勉学に打ち込むのが当たり前という期待が教師にも生徒にもあり努力する。一方進路多様校では，ほどほどの勉強と進路が期待され，教科指導と生徒指導で，多様な生徒に対処しようとする。

このような思い込みは，予言の自己成就というメカニズムを通して，期待した結果を生み出す傾向がある。教師は，このようなチャーター（期待）の呪縛にとらわれることなく，子どもたちに向き合う必要がある。子どもの発達・成長には早い遅いがあり，小学校の時目立たなかった子どもが中学・高校で頭角を現す場合もある。

5. チームとしての学校

日本の学校では，教師は子どもと遊んだり親しくまじわり，愛着・信頼関係を作ることが奨励され，授業以外のさまざまな学校行事も多く，それらをもと

に影響力を及ぼそうとする傾向がある。それに対して，アメリカでは，学校行事は少なく，学級担任は教科指導を工夫して，教科の時間にいかに児童・生徒を学習へ動機づけ，学ばせるかにエネルギーを注ぐ。授業以外の場面で児童・生徒との心のつながりを作ることを重視する日本の教師は，授業で勝負するアメリカの教師に比べ，授業への工夫やその準備の時間が少ないようであれば問題である。

　現在，文部科学省も，教師の授業への専念を図ろうと，「チームとしての学校」の構想を打ち出している。「チームとしての学校」とは「日本の教員は授業以外に生徒指導，部活動等の授業以外の業務を多く行っており，授業等に専念することができない現状」から「多様な専門スタッフが子供への指導に関わることで，教員のみが子供の指導に関わる現在の学校文化を転換」するとしている。授業以外の仕事は教員以外のメンバー（スクールカウンセラー，スクールソーシャルワーカー，事務職員等）に任せ，教師は授業に専念できるのであれば，教員の多忙化が解消され，教員が教科指導に専念できる。しかし，それによって教師と子どもとので関係が疎遠になり，校長の権限ばかりが強化されるのであれば問題であろう。

④ 教師文化の特質

　教師の制度的，属性的側面および教師文化についてみておきたい。

1. 教師の地位

　昔は教師の社会的地位は決して高くはなかった。それは，①教員養成課程の簡易性，②教職の科学の未発達，③専門職としての自律性の欠如，④劣悪な待遇，⑤教師の出身階層（農民層，下級公務員，労働者）による[4]。

　戦後の教師の身分に関する法律の改正により，教師の身分は保証され，以前に比べ教師の社会的地位は高くなっている。しかし，教職は依然半専門職であり，医師や弁護士のような地位は獲得していない。

2. 教職症候群

　教師は，現状に甘んじ，向上心がないとの指摘もある。清水義弘は，教職症候群として 5 つをあげている。①教師は子ども社会に安住する，②教師はお互いに競争しない，③教師は教えるが，学ばない，④教師は人生を語らない，語れない，⑤教師は教室のなかの子どもしか知らない。

　大学を卒業してすぐ教師になったものは，学校という世界しか知らない。教師は，子ども相手で，競争はなく，社会性を養う機会は少ない。教師に，一般の職場の経験や，幅広い人生体験が必要という意見もある。そこで，社会人経験のある教師の採用も考えられている。教師自身が，ボランティアや地域での活動，異文化体験（留学等）も含めて，研修で，幅広い見識と人間性を備えることが求められている。

3. 教師の教育技術

　教師には教える技術が必要である。向山洋一は「教育技術の法則化運動」を提唱し，次のように述べる。「教師は『教育のプロ』である。子どもを『教え育てる』ことを専門とする職業である。だから当然『教え育てることのできる技術方法を持っている』ということが条件となる。医師と比較してみるといいだろう」「常識的な病気に『原因はわかりませんし，治療方法もわかりません。でもとにかく一所懸命やってみます』という医師に命を預けるだろうか」「教師も同じである」「どんな職業の人でも，その仕事の技術なり方法を持っている」。向山は「跳び箱を跳ばせるためには，腕を支点とした体重移動を体感させればいいのです」として，それを実践しその技術の普及を法則化運動として実践している。

　また社会の情報化が進むなかで，教師も ICT の技術の習得・向上は必須である。視聴覚機材，パソコン，インターネット操作の技術はもちろん，電子黒板やタブレット（児童・生徒用デジタル教科書）を使っての授業ができる技能が求められている。

4. 教師の類型，職業モデル

最初は子どもが好きで教師になったにしても，年々歳とともに，教師の子ども好きは薄れていくという統計データもある。[7]

高校教師は，年齢とともに「モラトリアム教師」（生徒好きだが，教師としての自負や自信がない）→「スランプ教師」（生徒との関係にわずらわしさを感じ，教師という仕事の限界に突き当たっている）→「達観教師」（生徒との距離はあるが，そつなく授業や生徒指導をこなし，役職にもつき自信を高めている）→「円熟教師」（生徒の関係や教師の仕事に情熱もやりがいも感じている）と変化していく（図7-1参照）。

教師を描いた文芸作品やマンガ（「二十四の瞳」「ハレンチ学園」「GTO」他）など，そこから学べることも多くある。教師の隠れた側面やホンネ部分を直視し，教師とは何かを，根底から考える材料になる。

現代は，教師が生徒の職業モデルにはなりにくい時代である。昔は親方が仕事の見本を弟子に示して，弟子は親方の働く姿を見て，その職業の技術を学んでいった。しかし，現代は教師を通して，さまざまな職業の実際の働く姿を見るわけではない。[8]

キャリア教育で，社会のなかで働く大人の姿を映像や実際で見せたり，職場体験をさせたり，世の職業人の働く姿を見させることが必要である。

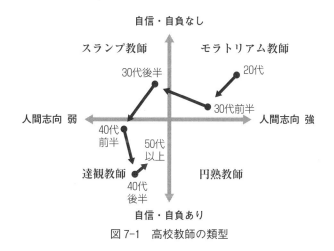

図7-1　高校教師の類型

⑤ 子ども文化，生徒文化

　子どもたちは同世代の仲間たちから影響を受けることが多い。子どもは子どもたちで独自のサブグループやサブカルチャー（子ども文化，生徒文化）を作り，お互いの影響を強めあっていく。クラスメートにどのような子どもがいるかによって，そこでの学校文化も大きく異なる。

1. 子ども文化，生徒文化の特質

　子どもが大人の期待する規範や行動に従順にしたがうとは限らない。ときには大人や教師に反抗し，規範から逸脱した行動をとることもある。ここでは子ども文化，生徒文化の特質を考えてみたい。

① 自由を求める志向性

　大人は子どもを規制したがる。一方，子どもは自由に行動したがる。この傾向はいつの時代にもある。子どもは大人や教師の指導に対し，自分たちの自由な行動のしかたを主張する。子ども独自の主張や行動が存在し，自由を奪われることを嫌う。自由にできることが子どもの喜びになり，自主性を生む要因ともなる。

② 反抗期と自尊心の回復

　成長過程の子どもたちには反抗期がやってくる。大人や教師に反抗的になる時期（小学校高学年や中学生）には大人への反抗が一般的な行動となる。また，自尊心が形成され，高いプライドをもつようになる。大人や教師からの指示へ抵抗を示し，それが子どもの自立へのステップになるものと考えられる。

　反抗が子どもの成長にプラスにはたらくとは限らない。大人や教師から低い評価が与えられ心を傷つけられることもある。このとき子どもは傷ついた自尊心を守るべく自分たちを傷つけた価値を否定する。傷ついたもの同士で連帯して反抗を続ける。たとえば，学力競争に敗れた子どもは勉強のできることは価値がないと位置づける。その反対の価値や行動（遊びやゲーム，不登校等）にコミットして自尊心の回復をはかる。大人や教師たちに明白な反抗を示すだけで

はなく，表面的には従順を装いながらも，隠れたところ（ネット空間など）に逃避し，反抗を示すこともある。

③ 消費社会と子ども文化

現代の消費社会の商品や情報は際限なく子どもや学校に流れ込んでくる。それらをいち早く受容するのは子どもである。子どもは新しいものに興味を示し，自分たちの文化に取り入れていく。ときに新しさを子ども同士で競い合い，学校や教師の制止が効かなくなるほど夢中になることもある。

高度消費社会のなかで，魅力ある商品や情報を子どもたちは欲しており，自らに取り入れていく。個々の子どもによって好みや価値観にも違いがあり，個人によって好む新しい商品や情報も異なる。好みに応じて子どもの文化，生徒の文化も分化していく。同じ好み同士で共感の輪を作るオタク文化（SNSコミュニティ，コミケなど）も存在する。

2. 子ども文化，生徒文化への対処方法

学校や教師が子ども文化，生徒文化を異端視し，抑え込むのは適切ではない。その特質を踏まえた対処方法を考えたい。

子どもの自主性や主体性の形成は子ども文化，生徒文化を通して形成される部分も多い。大人の文化に対する子どもによる抵抗・反抗は子どもの自尊心を傷つけたものへの反発という意味合いもある。子どもの自尊心の修復を図る必要がある。

子どもの行動はそれほど一貫したものではない。熟慮した行動というよりも状況に合わせた一時的なものも多い。教師には，適時性を踏まえたうえでの臨機応変かつ柔軟な対応が求められる。

学校は子ども同士の交流の場である。また，子ども同士の好みや考え方の衝突や主導権争いの場でもある。子ども同士の上下関係，さらにはいじめ（ネット空間も含む）の温床にもつながりかねない。公正な力を用いた教師の配慮が必要とされる。

また，子どもは家族や地域（ときには親の出身国）の社会的な背景も背負って

学校にやってくる。仲間との交遊で, 育ったところの文化的な背景の衝突が起こることもある (性差別, 障がいをもつ子どもや外国籍の子どもへの差別など)。

　子どもは学校教育や適切な教師の指導を経由することで, 偏見や差別意識を解消し, 新たな文化に触れる機会を得ることもできる。子どもの価値観や将来が変わる可能性もある。子ども文化や生徒文化に対する学校や教師の指導を工夫したい。

おわりに

　現在, 不登校の子どもの数も増加して, 学校の存在自体も問われている。アメリカやカナダなどの国々ではホームスクーリングという親が子どもを教育する制度も認められ, 子どもが学校に通うことは絶対に必要なこととは考えられていない。[9] 学校の存在を根底から考えることも必要である。

　また, 官僚制化していく学校組織の特性と教師の専門職性や子どもの個々の特性の尊重との関係も考える必要がある。

　今の多元化した社会の文化への対応も迫られている。それは広い視野とともに, 異文化に対する理解や, 異なった文化をもった人々と共生していく態度を育成することである。異文化に関しては, 大きく発想の転換が迫られている。主要な文化に適応する単一文化的視点 (適応モデル) やそれぞれの国の違いや良さを認める比較文化的視点 (特性伸長モデル) ではなく, 異文化に接することで自分やその文化が豊かになると考える多文化教育視点 (共生モデル) が必要である。[10] クラスのなかに異なる文化を背景にもつ子どもたちがいることで, 豊かな体験が生まれるという見方をとりたい。文化的なものは社会や個人にあまりに深く浸透しているゆえに, 自覚されることは少ない。教育の文化的側面を認識しその変革の可能性を探ることは重要である。

【武内　清 (❶〜❹. おわりに)・浜島幸司 (❺)】

注

1）志水宏吉「学校文化論へのパースペクティブ」長尾彰夫・池田寛編『学校文化』東信堂，1990年，p.16

2）耳塚寛明「社会組織としての学校」柴野昌山他編著『教育社会学』有斐閣，1992年，pp.76-82

3）文部科学省・中央教育審議会「チームとしての学校の在り方と今後の改善方策について（答申）」2015年12月21日

4）名越清家「教師の社会的地位」日本教育社会学会編『新教育社会学辞典』東洋館出版社，1986年，pp.221-222

5）清水義弘「現代教師のカルテ」木原孝博他編著『学校文化の社会学』福村出版，1993年，pp.233-251

6）向山洋一『授業で腕をあげる法則』明治図書，1985年，pp.77-78，87-92

7）武内清『学生文化・生徒文化の社会学』ハーベスト社，2014年，pp.179-183

8）宮澤康人「学校を糾弾する前に―大人と子どもの関係史の視点から」『学校の再生を目指して1』東大出版会，1992年，pp.165-167

9）M. メイベリー他著，秦昭夫他訳『ホームスクールの時代』東信堂，1997年，武内清「ホームスクーリング」『子ども問題事典』ハーベスト社，2013年，pp.78-79

10）佐藤郡衛『海外帰国子女教育の再構築』玉川大学出版部，1997年

column

教員の働き方改革

環太平洋大学次世代教育学部講師　浜島 幸司

　文部科学省は「公立学校の教師の勤務時間の上限に関するガイドライン」（2019年）を発信しました。これは義務教育諸学校等の教育職員を対象に教師の業務負担の軽減を行い，授業改善のための時間や児童生徒等に接する時間を十分確保しながら子どもたちに対して効果的な教育活動を持続的にできる状況を目指すための文書です。これが「学校における働き方改革」の目指すところとなります。つまり，勤務時間を短縮し，日々の授業改善に取り組み，子どもたちへ中身の濃い指導ができる職場環境を用意するための指針といえます。

　それでは，このガイドラインを受けて現場はどう変わったのでしょうか。2023年に公表された勤務実態調査の結果では，前回2016（平成28）年度の調査と比べて，教員の在校勤務時間は小・中学校ともに平均して30分ほど短くなりました。一方，家に持ち帰って仕事をする時間が10分ほど増えています。

　新しい学習指導要領の施行によって授業時間が増えました。現代の子どもが抱える課題も細分化され，個別に向き合った細やかな対応や指導が求められていきます。保護者や地域部署とも連絡・調整をしていかなければなりません。授業改善に費やせる時間もなく，気づけば一日が終わってしまったとの切実な声も寄せられます。学校や子どもの問題を教師個人ではなく，「チーム学校」として進められてもいます。スクールソーシャルワーカー（SSW）や部活動の指導など専門人材を導入し，教師の仕事の軽減に向けた動きがみられてもいます。

　「教師が多忙化している」，もちろんこれだけが原因ではないのでしょうが，教員不足と教員志望者が減少していることも気になるところです。若者たちに教職は仕事としての望ましさや魅力よりも，「教師にはなりたくない」とのマイナスイメージが強くなっているように感じられます。教師という職業が子どもの成長に関われる魅力のある仕事であり，社会に必要とされ，報酬も良く，身分も保障されている職業という認識をもたれることが必要です。

　次世代を担う若者たちが「教師になりたい」とプラスイメージをもつためには今の学校現場の課題が改善されることです。今の教師たちが教師に誇りをもち，ストレスや不満なく働いていることが示されれば，評価も変わります。そして何よりも，質の高い教師がいることで子どもの高い成長に寄与できます。

column

子どもとメディア

ベネッセ教育総合研究所主席研究員　木村 治生

　情報の入手やコミュニケーションが可能な端末（メディア）が進化し，子どもにも普及している。本や雑誌，マンガのような紙媒体が中心の時代から，ラジオやテレビなどのマスメディアが広がり，今日ではパソコン，タブレットやスマートフォンなど個人が利用するメディアの使用が日常化した。総務省が行っている「令和4年度通信利用動向調査」によると，インターネットを利用する比率は6〜12歳の子どもで86.2%，13〜19歳の青年層で98.1%である。スマートフォンでのアクセスが年々増加しており，そのほとんどがソーシャル・ネットワーキング・サービス（SNS）を利用する。インターネットは子どもたちの生活のなかに入り込み，情報端末は身近になくてはならない存在になっている。

　しかし，そうした子どもたちのメディア利用に対して，大人の反応はさまざまだ。

　今の子どもが社会で活躍する未来は，社会の変化が激しくなり，解決が困難な課題が増える。正確な情報の入手や他者とのコミュニケーションが重要になるので，「情報リテラシー」と呼ばれるようなメディアを使いこなす力が欠かせない。また，メディアを活用すれば，自分の学習や趣味に有益な情報を得て，生活を楽しく豊かにできる。このような考えに基づいて，学校教育にも積極的に新しいメディアを取り入れようと考える立場がある。

　その一方で，インターネットへのアクセスやメディアの使い方を懸念する声も強い。ひとつは，時間の使い方の問題だ。限られた時間のなかで，メディアに一定の時間を費やせば，それ以外の活動が減る。総務省の調査（令和4年度情報通信メディアの利用時間と情報行動に関する調査）では，10代のスマートフォンなどでのインターネット利用時間は平均で平日160.5分，休日234.3分。1日3〜4時間，スマートフォンを利用するような子どもも，少なからず存在する。こうした長時間の利用のために睡眠や学習などへの悪影響が指摘されており，子どものメディア利用を制限するような取り決めをしている学校もある。「ネット依存」といった過剰な使い方が社会的な問題にもなっている。二つ目は，友だち関係のトラブル。インターネットによるコミュニケーションは切れ目が

ない。いつもつながっていること自体をプレッシャーに感じる子どもがいたり，コミュニティのなかでの仲間外れやいじめが起きたりしやすい。トラブルの状況が見えにくいことも，大人を不安にする。三つ目は，未知の他者との出会いが容易だということ。それは子どもの世界を広げる可能性もあるが，犯罪に巻き込まれたり，悪意のある攻撃にさらされたりする恐れもある。

　新しいメディアを有効に活用しつつ，そのリスクから子どもをどう守るか。このことは大人の責任として考える必要がある。しかし，メディアの環境はこれからも変化する。最終的なゴールは，子ども自身が適切なメディア利用について考える力を身につけることだと思うが，皆さんはどう考えるだろうか。

【参考文献】永井聖二・加藤理編『消費社会と子どもの文化　改訂版』学文社，2015 年。

ICT を活用した授業

　学校教育のなかで ICT の活用が進められている。文部科学省は 2019 年に「GIGA スクール構想」を発表して，児童生徒に 1 台の端末と高速大容量の通信ネットワークを整備する目標を掲げた。当時，教育用コンピュータ 1 台当たりの児童生徒数は 4.9 人。複数人で 1 台のパソコンを使うような状況であった。しかし，新型コロナウイルス感染症で学校が休校になった 2020 年に，端末の整備を加速する旨の閣議決定が行われた。これにより，2021 年にはほぼすべての小中学校で 1 人 1 台端末が実現した。この間，普通教室の無線 LAN 整備やインターネット接続，デジタル教科書の整備などの割合も，急速に高まった。子どもたちが教室で当たり前にパソコンやタブレットを使って学習する環境が整ってきている。

　こうした環境変化に伴って，ICT を活用した授業も広がってきた。ベネッセ教育総合研究所が 2023 年に実施した「子どもの ICT 利用に関する調査」では，小中学生の約 9 割が「調べ学習」で端末を利用しているほか，約 7 割が「グループで考えをまとめて発表」「友だちと考えを共有」など協働学習に利用していると回答した。また，約 5 割が「練習問題を解く」「学習したことをふりかえる」など，学習内容の習得のために用いている子どもも多い。国や自治体が教育の情報化の一環で授業における ICT 利用を促進していること，「未来の

教室」と呼ばれる官民を挙げた実証事業が行われていることもあり，授業での ICT活用は今後も広がっていくだろう。そこで重要になるのは，情報活用能力を高めるということにとどまらず，学びのあり方そのものを変えていけるかどうかである。

　ICTの活用は子どもたちの学びを変える可能性を秘めている。中垣・土屋（2015）は，学習におけるICTの機能として，「オープン」「フレキシブル」「パーソナル」「シェア」の4つの特徴があると述べる。「オープン」は，インターネット上の情報が開かれていることを意味する。ICTを用いた学びは，自分が興味のあることをどこまでも追究できる。「フレキシブル」は，音声や動画など教材のスタイルや表現方法が広がることを示す。紙では表しにくいことも，デジタルでは柔軟に表現できる。「パーソナル」は，一人ひとりの学びを最適化することである。それぞれの学力に応じた教材の提供や学習成果のフィードバックなどが，ICTでは容易になる。「シェア」は，個々が学ぶプロセスや成果を共有できること。ICTを使えば，場所を問わず議論をしたり，協働で作業をしたりすることも可能だ。これらの特徴を生かして，一斉授業を主流にした学校での学びが，数年後は変わっているかもしれない。

　一方で，まだ課題も残されている。1つは，すべての児童生徒に端末が整備されたとはいえ，その使い方には学校や教員による格差が残ること。先に紹介した調査でも，端末を毎日使っている子どももいれば，ほとんど使っていない子どももいて，利用状況はまちまちであった。さらに，利用の効果が十分に証明されていないという課題もある。1人1台端末が整備されて数年たつが，学習効果を高めるための利用方法の開発や，教員の指導力の向上のための研修，学習効果の検証などは，まだ十分とはいえない。

　ICTの特徴を生かして「個別最適な学び」と「協働的な学び」をどのように実現していくか。それによって学校での学びのあり方をどのように変えていったらよいか。ICTを活用した授業には，そうした教育の本質を考えるような問いが含まれていると考える。

【参考文献】

中垣眞紀子・土屋理恵子「家庭での子どもとメディアの関わり―家庭のメディア環境とメディアを用いた家庭学習について」『放送メディア研究』12，NHK放送文化研究所，2015年。

第8章
子どもの成長と運動

　さまざまな刺激が与えられ，子どもは健やかに成長していく。なかでも運動による刺激は，子どもの発育発達にとってとくに重要である。運動の刺激は，骨や筋を大きく発育させるのと同時に脳や脊髄などの神経系を発達させ，その結果として，体力および運動能力が向上する。また，運動は学習や心理的な面にもよい影響を及ぼすことも明らかになっている。この章では，子どもの成長における運動の必要性について，その背景および根拠を中心にして解説する。

❶ 現在の子どもの体力・運動能力

1. 子どもの体力・運動能力の現状

　子どもの体力・運動能力の調査は，1964年に開催された東京オリンピック以降行われており，その結果は，毎年，10月のスポーツの日前後にスポーツ庁より発表されている。この調査報告によると，調査開始から向上傾向にあった子どもの体力・運動能力は1985年頃をピークとして徐々に低下し，近年では再度向上する傾向がみられるが，ピークに比較するとその低い状態が現在まで続いている（図8-1）。また，2022年の小学生の身長と体重は，親の世代である1985年の小学生に比較して，それぞれ平均で1.5cm，1.8kg上回り，体格は，以前と比較して大きくなっている（文部科学省，学校保健統計調査）。一般に身長や体重が大きければ，パワーは増大し，運動能力テストの記録の向上を見込むことができる。しかし，筋力や筋持久力を示す握力や上体起こしの記録はピーク時とあまり変わっていないことから，主に身体を操作する運動能力を中心

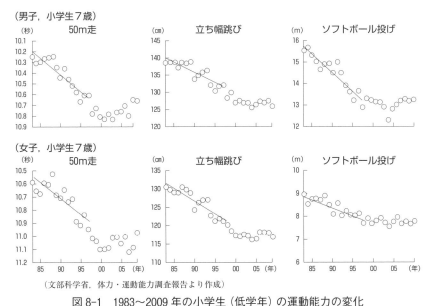

（男子，小学生7歳）

（出所）伊藤静夫他「子どもの運動能力の年代比較」『体育の科学』61(3)，2011年，p.165を一部改変

（文部科学省，体力・運動能力調査報告より作成）

図8-1　1983〜2009年の小学生（低学年）の運動能力の変化

として，運動能力テストの結果が示す以上に現在の子どもの運動能力は低下していると考えられる。また，この図が示すように，体力・運動能力は7歳の時点で低下しているため，この現象が幼児期以前ですでに生じていることが推測される。ゆえに子どもの運動能力向上には幼児期が重要なカギを握っていることがわかる。

2．子どもの体力・運動能力の低下の要因とその影響

　幼稚園・保育所から高等学校までの怪我の発生率の年代変化（図8-2）は，今の子どもの体力・運動能力の現状と問題点を顕著に示していると考えられる。近年，幼稚園・保育所の怪我の発生率は減少しているが，これは幼児の危機回避能力が向上したのではなく，怪我をする可能性のある運動遊びをしなくなった・させなくなったことを示唆する。その結果として，幼児期に培うべき基本的な運動能力である危機回避能力を身につけられず，小学校以降で怪我が多く

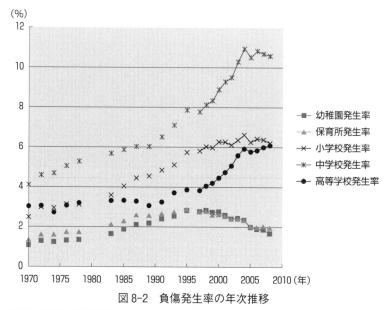

図 8-2　負傷発生率の年次推移

（出所）笠次良爾「学校管理下における児童生徒のケガの特徴について」『Kansai 学校安全』
第 6 号，2011 年，p. 2 を一部改変

なったと考えられる。また，怪我の内容も，守られるべきである頭部や顔の怪
我の件数が以前より増大していることも報告されている。

　子どもを取り巻く環境が以前に比べて多様化し，大きく変化したことに関連
した三間（時間，仲間，空間（環境））の減少（変化）が，現在の子どもの体力・運
動能力の低下の主な原因として考えられている。

① 　時間の減少：最近では習い事の多様化が進み，英会話など運動以外の選択
　肢が増えるとともに，塾通いも以前より低年齢化し，自由な遊びも含めて身
　体を動かす時間が減少した。さらに，子どもの遊びも多様化し，屋内遊びが
　増加している。1980 年代から体力低下の要因として指摘される TV ゲームは，
　携帯型ゲーム機に進歩したことより，いつでもどこでもゲームができるよう
　になり，最近では公園などで通信型ゲームをする子どもの姿が散見される。
　これらを裏付けるように，子どもの一日の歩数（運動量）は約 30 年前の半分

程度になっている。

② 仲間の減少：習い事の多様化と関連して，一緒に遊ぶ時間帯の合う友人も少なくなった。また少子化や核家族化，親の共働き家庭が増え，兄弟や祖父母，親などの遊び相手もいなくなり，屋内での一人遊びが増えた。遊びに占める「絵本」や「テレビ・ビデオ（DVD）」など一人での屋内遊びの割合は，10年前に比べて約2倍に増え，最近では，動画視聴も含めてスクリーンタイムも大幅に増えている。その一方で，仲間を必要とする屋外での運動遊びは減少している。

③ 空間の減少（変化）：公園など緑地面積は，近年では増加しているが，公園のなかは大きく様変わりした。怪我が危惧されるジャングルジムや大型ブランコなどの遊具はなくなり，またほとんどの公園でボール遊びは禁止されている。さらに，以前に比べて保護者の交通事故や犯罪への懸念は強く，子どもが自由に遊ぶことができる安全な遊び場は減少している。

　この3間の減少（変化）とともに運動する子としない子の二極化も進んでいる。現在，テニス，サッカー，野球などのスポーツにおいて世界で活躍している多くの一流アスリートも体力・運動能力の低下が問題視されていた世代である。このようにトップの選手の成績は以前より向上していることより，運動をしない子どもの増加およびさらなる体力・運動能力の低下が生じていることが伺われる。ジュニア世代の選手の活躍は好ましいことであるが，指導現場において勝利至上主義を煽り，見込のない選手は早い段階で切り捨てられ，結果的にスポーツ活動から離れて，運動をしない子どもを増やす一因にもなっている。

　習い事の増大と関連して子どもの帰宅時間が遅くなり，子どもの生活スタイルの夜型化が進んでいる。夜型になると，起床時間が遅くなり，朝食を摂る時間がなくなる。朝食を摂らないと日中をアクティブに過ごせず，体力・運動能力を向上できなくなる。この生活習慣の乱れと運動時間の減少に関係して，肥満児は以前に比べて約2倍に増加している。肥満から生活習慣病になり，将来的に高血圧や糖尿病から脳血管障害や心臓疾患などの重病に繋がる可能性が高くなるため，肥満は防止しなければならない。

これらの要因については社会の変化の影響も強く受けているため，すぐにすべてを改善させることは容易ではないが，運動をすることで好転できることを留意しておくべきである。

② 子どもの運動発達とその仕組み

1．子どもの運動発達の概観

　生まれた直後のヒトのほとんどの動作は，産まれる時より備わってきた原始反射（モロー反射，把握反射，吸引反射など）による意図がない運動（不随意運動）で構成されると考えられている。生後，脳の大脳皮質の神経回路が急速に発達するとともに反射運動を抑える抑制系の神経回路も発達するために，この原始反射は生後3か月ごろより徐々に消失する。この原始反射の消失に替わり，何かをしようとする自らの意志によって生じる運動（随意運動）が発達し始める。この頃に首がすわり，お座りができるようになると，自由になった手をより大きく動かすようになる。さらにハイハイより移動運動を開始し，1歳を過ぎる頃には二足歩行をするようになり，基本的運動スキルを獲得する準備ができる。ここから，歩く，走る，跳ぶ，投げるなどのさまざまな基本的運動スキルを急速に獲得していく。出生後の運動発達段階の詳細については，日本人に標準化された Denver II（デンバー発達判定法，日本小児保健協会）を参照してほしい。

　4歳の頃までに，身体のバランスをとる動き，身体をさまざまな形で移動させる動き，用具を操作する動きなど一通りの運動スキルを獲得する。この頃は，身体の使い方が部分的で，無駄な動きを多く含む粗大な運動であるが，5から7歳頃にかけて，身体全身を大きく使うようになり，また力みがとれてスムーズとなっていく。このことを動きの合理化（筋力，関節運動のタイミング，姿勢・フォーム），合目的化，洗練化と呼ぶ。小学校に入る頃にはさまざまなスポーツに出会い，より複雑なスポーツ動作へと発展するが，この複雑なスポーツ動作は，これまでに身につけたさまざまな基本的運動スキルを基礎として，それらを統合して獲得するため，この時期までに多くの基本的運動スキルを獲得し

て洗練化させることが非常に重要である。そして，12歳頃から始まる思春期になると筋や骨の急激な成長が生じ，動きに力強さが加わり，成人とほとんど変わらないパフォーマンスの発揮が可能となる。

2. 運動発達および学習の神経機序

　スキャモンの発育曲線によると，脳や脊髄などの神経系は出生直後から急激に発育し，4歳には成人の8割，10歳までにはほぼ成人と同じ質量になるとされている。この急激な発育と運動発達の目覚ましい時期は一致する。核磁気共鳴画像法（MRI）を用いた子どもの脳の構造の計測によると，この時期にはさまざまな脳の部位や脊髄の神経細胞で信号を伝える軸索を包み，その伝導速度を速める髄鞘（絶縁体の膜構造）が作られていくため，脳の白質（主に神経の軸索で構成されている部分）は直線的に増加し，脳から筋へ運動の命令を伝える時間も，5歳ごろまでに急激に短縮する。一方，灰白質（主に細胞体で構成される部分）の量は9歳頃をピークとして徐々に減少する。この時期は，脳や脊髄などの中枢神経系で，無数の神経細胞が機能的に連結して神経回路を形成するが，同時に可塑性に富んでいるため，運動の刺激が与えられると新たな神経回路が作られる一方で，刺激が少なく，不必要と判断された神経回路は消失するためである。この神経回路の新生と消滅が，運動を洗練化する過程で既存の動作を組み込んだり，余計な動作をなくしたりする機序となる。

　さまざまな随意運動の遂行時に大きな役割を果たす皮質運動野とそこから筋へと運動の命令を伝える通り道（脊髄）を含む皮質脊髄路は，ヒトの運動の洗練化やその学習に深く関係し，また運動によって可塑的に大きく変化する部位である。8〜11歳においてこの皮質脊髄路は急激に発達すること，および運動の学習によって皮質運動野が活動する領域が拡大することなどが知られている。また運動学習に深く関与する小脳もこの時期までに成人レベルに発育するため，さまざまな運動スキルの獲得と洗練化に最適な期間と考えられる。ヒトの運動学習にはこの他に大脳皮質と脳幹の間に位置する大脳基底核も深く関与することも明らかにされている。しかし，運動の発達を支える神経系の仕組みについ

ては解明されていないことも多いため，今後も科学の進歩とともにさまざまなことが明らかになることが期待される。

③ 子どもの運動が学力や心の成長に与える影響

1. 子どもの体力・運動能力と学力

　図8-3は，2015年に全国の小学校で実施された，全国体力・運動能力，運動習慣等調査と全国学力・学習状況調査の47都道府県の結果について両者の関係性を示したものである。これより体力・運動能力レベルの高い都道府県では，学力レベルも高いという強い関係が明らかになり，学力と運動能力は関連する可能性が示された。

　イリノイ大学の研究グループは，個人の単位でもシャトルランの折り返しの回数で推定できる持久的（有酸素運動）能力が優れている子どもほど学力が高いことを明らかにした（図8-4）。また，週に5日，60分間の運動プログラムに9か月間参加した8～9歳の子どもで，持久的能力とともに集中力や短期間記憶する能力などが関係する脳の認知機能が向上したことを報告した。さらに，この研究グループは脳波（脳が発する微弱な電気活動を記録したもの）や脳画像を用いて，科学的に子どもの脳の機能と運動能力の関係を調べ，運動能力の高い子どもは低い子どもに比べて，前頭前野が活性化されやすいなど脳活動が大きいことを

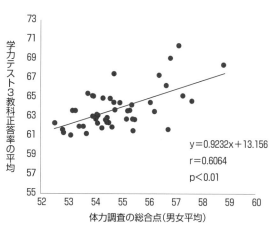

図8-3　小学生の体力・運動能力と学力の関係

（出所）平成27年度全国体力・運動能力および運動習慣等調査と全国学力・学習状況調査（ともに文部科学省）より作成

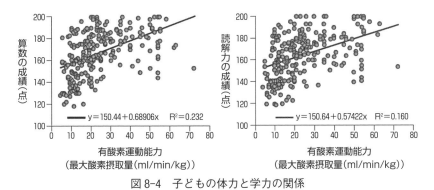

図8-4　子どもの体力と学力の関係

（出所）Hillman et al., Be smart, exercise your heart: exercise effects on brain and cognition. *Nat Rev Neurosci*, 9(1), 2008, p. 59

明らかにしている。また，記憶に関与する海馬（大脳辺縁系の一部で，脳の深部に位置する）も運動によって機能が向上し，学力の向上と関係する可能性も指摘されている。その一方で，運動能力が低く肥満度が高い子どもは，脳活動（認知機能）レベルも低いことが明らかにされている。以上のことから，運動は学力向上に関与する脳機能を向上させると考えられている。

　また，授業の前に20分間の軽い運動をすることで，授業中の問題行動が少なくなって授業によく集中し，学力も向上したことも報告されている。これらを考え合わせると，運動には，勉強時の集中力と記憶力を高める効果があり，その結果として，学力が向上すると考えられている。

2. 子どもの運動と心の成長

　子どもの運動は心の成長に必要であることも明らかにされている。新しく学習したことを記憶するだけでなく，喜怒哀楽といった感情や精神状態の調節にも関与する脳の深い部位にある海馬では，運動をすることによって多くの神経細胞が作られること，また発育期においてこの効果がより生じることが明らかにされている。この運動による心（海馬）の発達と関係して，活発的によく遊ぶ運動能力が高い子どもは，友達関係が良好で，社会性やレジリエンス（困難

を乗り越え，回復する力）が高いこと，ならびにより多くの友達と遊ぶことが多いため協調性やコミュニケーション能力が高いことが明らかにされている。これらのことより，近年問題化されている急にキレたり，感情的に不安定な子どもが運動によって改善されることに期待がよせられる。

④ 障害のある子どもの運動の重要性

　2022 年の文部科学省の調査より，通常学級においても発達障害の可能性のある小中学生は 8.8％いることが明らかになり，最近はどの教育現場においても障害をもった子どもを見ることが珍しくない。知的に障害のある子どもたちは，運動発達に遅れがあることが多く，運動をする際にさまざまな困難がみられる。この原因として，主に運動に関与する中枢神経系や知的な部分の障害が考えられるが，このような子どもたちは，普段の生活で TV・DVD・動画などの視聴や車移動が多くなったりして，運動の機会や経験が少ないことも影響していると考えられる。障害のある子どもは，体力や運動能力の変化のスピードが遅いために運動の効果が少なくみられることが多いが，運動をすることでさまざまなリハビリテーション効果を望むことができるため，健常児よりもその効用ならびに必要性はむしろ大きい。たとえば，運動によって，注意欠陥多動性障害（ADHD）のある子どもの認知機能が改善すること，重度知的障害児の日常動作が向上すること，自閉症スペクトラム児の姿勢などの運動機能や意欲，集中力などが向上すること等が報告されている。

　身体の麻痺や四肢の欠損などで身体に障害がある場合も，運動・スポーツをすることで残された身体の機能を発見したり，それを向上させることができる。ヒトの身体には，ある機能や部位が失われても，それを別の機能などで補うことができる。そのため，継続的なトレーニングをすることでその機能を補うことが可能になる。また，運動をする機会が少ない障害のある子どもは肥満傾向が強いため，積極的に体を動かし，肥満や生活習慣病を予防し，生活の質（QOL）を向上させることが重要である。

障害がある場合，勉強や日常生活などで何かと健常児と比較され，「できない」という状況を多く経験することで自信を無くしてしまうことが多い。運動・スポーツでは，上手にボールを投げられた，シュートができた，得点することができた，プレーを褒められたなど小さな成功を数多く体験でき，自己効用感を得られるなどの心理的な好影響も大きいことも大事なことである。

　障害のある子どもたちも学校期を過ぎれば，いずれ自立し，社会に出ることが求められる。障害のある子どもはさまざまな理由から家のなかに閉じこもることが多いが，運動・スポーツに参加することでまず家から出ることになり，これが自立の大きな第一歩となる。そして，仲間と運動・スポーツをする約束の時間や場所まで交通機関を使って移動したり，着替えの準備をしたり，一人で着替えをしたりすること，さらには集団行動をすることは，将来の自立と社会参加に繋がる。

　以上のように，身体的，心理的および社会的に大きく成長できるため，障害のある子どもは運動・スポーツはしなければならない。また，2016 年の障害者差別解消法（正式名：障害を理由とする差別の解消の推進に関する法律）の施行より，教育現場では障害のある子どももない子どもも共に同じように学ぶインクルーシブ教育の考え方が広まってきた。これまでは，障害のある子どもが健常児と一緒に運動やスポーツをするときには，審判や得点係という特別な形で参加する場面も少なくなかったが，これでは障害のある子どもは運動・スポーツを行っているとはいえない。障害の有無に関係なく，すべての子どもが運動・スポーツを楽しめる環境づくりや社会にしていくことが今後の大きな課題である。

⑤ 子どもの体力・運動能力を伸ばす方法

　子どもの体力・運動能力の向上を目的として，外部派遣講師など体育専門の指導者が運動指導を行っている幼稚園や保育所は最近多く見られる。図 8-5 は，幼稚園での体育専門の指導者による運動指導の頻度と運動能力を示したもので

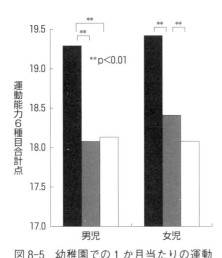

■ なし：9園（1,273名）
■ 8回未満：24園（3,183名）
□ 8回以上：32園（4,659名）

**p<0.01

運動能力6種目合計点

男児　女児

図8-5　幼稚園での1か月当たりの運動
　　　指導頻度による運動能力の比較

(出所) 杉原隆他「幼児の運動能力と運動指導な
らびに性格との関係」『体育の科学』60(5)，
2010年，p.343

ある。一見，矛盾しているようだが，運動指導を受けていない園児の方が運動能力は高いことが示された。この要因として，指導者による一斉指導では，①座って話を聞いたり，順番を待つ時間が長く，運動時間が短くなること，②同じ運動の繰り返しが多いこと，③やりたくない運動をやらされること，④指導内容が発達段階に合っていないこと，などが考えられる。以上のことから，神経系が大きく発達する幼児期において運動能力を伸ばすためには，子どもの興味・関心に基づく発達段階に合った自発的な運動遊びを多様に行わせることが重要であることがわかる。この時期の子どもは，悪く言うと飽きっぽく，すぐに違う遊びに変えることも多いが，これは身体がより多くの刺激を求める欲求であるととらえ，たくさんの遊びを経験させるべきである。また，これらのことより早期のスポーツ教育が必ずしも子どもの運動能力を伸ばすとは限らないこともわかるであろう。

　幼児期から10歳くらいまでに，自己概念が形成される。多くの自発的な運動遊びのなかで，運動の楽しさ，挑戦，達成感などを数多く経験し，運動有能感を獲得する。運動有能感を獲得できると運動好きになり，よりたくさん運動して運動能力が向上するという好循環に入る。一方，指導者中心の一斉指導では，競争で負けたり，うまくできないなどの失敗を経験し，運動有能感を獲得できないだけでなく，逆に無力感を形成する子どもを生み出してしまうことも少なくない。無力感をもつと，自信を無くして消極的になり，運動嫌いになる。

この場合，子どもの成長に必要である運動をしなくなるために，運動能力の発達が阻害されてしまう。子どもの運動に関わる際には，可能な限り褒めたり，努力を認めたりして，否定的な言葉を使わず，また過度の競争で優劣を決めすぎないことなどを十分に留意して，運動嫌いを作らないようにしなければならない。

WHO（世界保健機関），および日本や諸外国などの多くの調査研究などから，運動時間に関しては，毎日合計 60 分以上運動遊びを行う必要があることが示されている。子ども一人ひとりの個人差が大きいこともあり，現在の科学では，この運動時間以外に，効果的に子どもの運動能力を伸ばす方法（時期や運動の種類など）を具体的に示すことはできない。しかし，子どもの発達段階に合った自発的な運動遊びを，多様に，十分な時間（毎日 60 分以上）行うことで，子どもの運動能力が望ましい成長を遂げることが期待できる。子どもが好んで行うような運動遊びの例については，インターネットで参照できる文部科学省の「幼児期運動指導指針ガイドブック」や，日本スポーツ協会の「アクティブ・チャイルド・プログラム」を参考にして多くの運動遊びを子どもたちに実践することを推奨する。

おわりに

子どもの頃の運動経験は，その時の健康や体力に影響を及ぼすだけでなく，将来成人した後の身体活動や健康にも多大な影響を与える。子どもの健康や発達のためだけでなく，生涯にわたってスポーツに親しむ基礎を築き，健康に過ごすためにも子どもの頃に運動・スポーツに対する好意的な態度を育てることが何よりも大事である。

筆者らは全力を発揮する機会が多いスポーツやトレーニングを継続的に行うと，脳を中心とした神経系がその刺激を受けて運動機能が向上し，普段運動をしていない人に比べて，全力を出し切ることができることを実験的に明らかにしている。勉強でも運動でも持てる力をすべて発揮できることは，競争の勝敗

よりも重要なことと思える。ここまで述べてきたように，運動には運動能力の向上以外にも子どもにとって非常に大事な効果が大いにあることを理解し，子どもにたくさんの運動を実践させてほしい。

　最後になるが，1日60分程度の適度な運動が子どもに悪影響を与えるという報告は，現在までに1編もないことを強く伝えたい。

【遠藤隆志】

1　子どもの体力・運動能力の低下の影響を示す身近な例を探してみよう。
2　子どもの体力・運動能力はなぜ低下してしまったか？　環境と身体の両方の要因から考えてみよう。
3　子どもの体力・運動能力を伸ばすためにはどうすればよいか？どのような運動遊びがよいか調べてみよう。

引用・参考文献
ロバートM.マリーナ，クロードブシャール（高石昌弘　小林寛道監訳）『事典　発育・成熟・運動』大修館書店，1995年
杉原隆，川邉貴子『幼児期における運動発達と運動遊びの指導　遊びのなかで子どもは育つ』ミネルヴァ書房，2014年
岡本正洋，征矢英昭「子どもの心身の統合的発達と脳」体育の科学，60巻7号，2010年，pp. 466-472
齋藤早紀子，水村真由美，中澤公孝「運動動作の発達と神経系」体育の科学，61巻3号，2011年，pp. 176-184
紙上敬太「子どもの体力・肥満度と認知機能の関係」愛知県理学療法学会誌，25巻1号，2013年，pp. 8-14

column

食　育

千葉大学名誉教授　明石　要一

　人間と動物の違いは何ですか，と問われたらどう答えるだろうか。言葉をもっているか，もっていないか。よい説明だが，私なら次のように答える。「人間は食べ物の好き嫌いがある。しかし，動物はないのです。動物は空腹になれば何でも食べてしまいます。飼育されたウサギは食い合わせが悪いと亡くなります。ですから，食べ物で好き嫌いがある人は人間です」と。こう言うと嫌いなものがある子どもは給食の時間が楽しくなる。

　教育学者の村井実氏は，次のように言っている。「味覚にうるさい人は教師に向いている。なぜなら味覚にうるさい人は子ども一人一人を大切にするからである」。確かに，きょうだいでも味覚は違う。兄は魚が好きでも弟は肉が好き，という場合がある。同じ親から生まれ同じ家庭環境に育った人でも味覚は違うのだから，クラスの子どもたちがみんな違うのは当然である。

　栄養学の研究によれば，黙って何でも食べる人は味覚障害の可能性が高いとされ，1〜3％程度いるともいう。食べっぷりのよい人は高く評価してもよいが，旨いともまずいともいわずに食べる人には注意を払わなければならない。

　食育は知育，徳育，体育の基礎的な土台をなすものである。根源的な教育として 2005 年に食育基本法が制定された。それに基づき，各都道府県では食育推進会議が置かれている。これらの会議では次の領域が審議される。

①食生活のあり方…一家団欒が消えて「孤食」，「個食」が増えている食生活の変化が問題となる。ちなみに「個食」は一人ひとりのメニューが違う。朝食でも父親は米飯であるが，子どもはパン食となる。「孤食」は一人で食べる食卓の風景である。
②食文化…なぜ和食が見直されているか。四季の年中行事に応じた食生活に何があるか，など。
③食生活と健康
④食と農業（食農教育）

　食育は人間が生きるための根源的な教育である。究極のねらいは，平均寿命ではなく健康寿命を延ばすことである。

column

安全教育

環太平洋大学次世代教育学部講師　浜島 幸司

　安全教育について，文部科学省は『「生きる力」をはぐくむ学校での安全教育』を2001年に資料として作成し，2010年と2019年と2回改訂しています。学校での安全教育のねらいは，①子どもたち自らが自分や他者の生命を尊重しながら，安全に行動し，他者や社会の安全に貢献できる資質・能力を育成して②子どもたちの安全を確保するための環境を整えることです。具体的には，子どもたちに「生活安全」「交通安全」「災害安全」の各領域を理解させます。日常生活で起こりうるリスクに対して，①最悪の事態を防ぐこと，②事態に遭ったとしても最小限の被害に抑えること，この2つが指導と実践の要点になります。

　学校での安全教育は各教科および科目横断的になされていきます。子どもたちの命に関わることでもあり教科を超えて優先されるべき事項のひとつと位置づけられます。授業だけで学校安全が保たれることはありません。図のように学内外，家庭や地域機関との連携も視野に入れていかなければなりません。そして学校安全が支障なく進められているか評価体制と報告も欠かせません。

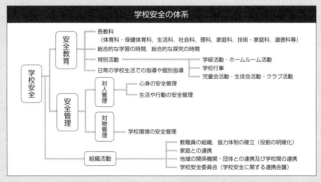

（出所）文部科学省『「生きる力」をはぐくむ学校での安全教育』2019年，p.12

　最近ではSNSの普及に伴い，サイバー空間でのリスクも高まっています。子どもが会ったことのない人と関わり，犯罪に巻き込まれるおそれもあります。また，かつてより存在していた危険（柔道事故や組体操によるケガなど）への見直しも必要となっています。時代に即した安全教育の徹底が求められています。

第9章
教育・保育とジェンダー

　私たちは，生物としての男性／女性であるだけでなく，社会や文化や歴史が
つくりだした男性／女性の面をさまざまにもっている。本章では，性別・性差
を社会的・文化的に構成されるもの，すなわち「ジェンダー／ gender」として
とらえる視点から，学校教育・保育の場において，①男女の区別がどのような
役割を果たしているか，②「男らしさ，女らしさ」「男性像，女性像」という
社会通念・規範が，人々の意識や行動にどのような作用を及ぼしているかにつ
いて検討する。なお，本章では，「ジェンダー」を，それ自体に良いあるいは
悪いの価値を含むものではないとの立場で論じている。また，「保育」を，乳
幼児期における教育（教え育てること）と養護（保護し育てること，ケア）を含ん
だ行為ととらえている。

① 用語としてのジェンダー

　生物学的性別・性差を表す「セックス／ sex」とは異なり，「ジェンダー」は
社会的・文化的・歴史的に形成された（枠づけされた）性別・性差を意味する。
簡単にいえば，「ジェンダー」とは，「社会的に作られた性別」ということにな
る。具体的には，「男らしさ・女らしさ」「男は泣いてはいけない」「女は控え
めに」「女は家庭に入るべき」「男は外，女は内」などである。ジェンダー研究
の進展にともない，近年，ジェンダーとは，社会的・文化的に性別を形成して
しまう広い意味での社会規範・社会通念や知識という，より広い意味を含めて
とらえるようになっている。

「ジェンダー」という用語は，もともとは，言語学の文法上の用語として使われ，たとえば，フランス語やドイツ語の「女性名詞」「男性名詞」「中性名詞」などがその例となる。このような言語における性別の問題が，ジェンダーという用語で説明され，「社会的に作られた性別」という意味で一般に広く使われるようになったのは，1970年代から80年代のこととされている。生物学的な区別としての男女ではとらえられない，人間社会にみられる社会・文化的な性のあり方を示す用語として，性科学や社会学，心理学など諸分野に登場し始め，男女の間に見られる行動やパーソナリティ，あるいは能力の違いには，社会化の過程で後天的に学習された側面があることを明らかにするために使われるようになっている。

ジェンダーは文化を通して生産され，そして再生産されてきた。次節では，ジェンダーの概念を念頭に置きながら，日本の学校教育の歴史と現況について考えてみたい。

② 学校教育におけるジェンダー

教育には文化の伝承という機能があり，学校はその機能を果たすための重要な装置といえよう。それでは，学校は社会における男性／女性のあり様とどのように関係しているのだろうか。学校は，何を伝達し，何を生み出しているのか，その過程を「潜在的（隠れた）カリキュラム」を中心に検討したい。

1. 潜在的（隠れた）カリキュラム

学校で学ぶべきとされる知識の総体は一般にカリキュラム（教育課程）と呼ばれ，学校教育を考えるうえで欠かせない概念である。第6章に示されているように，カリキュラムには顕在的カリキュラム（フォーマル・カリキュラム）と潜在的（隠れた）カリキュラム（インフォーマル・カリキュラム）がある。前者は教科など公的に明示される正当な知であり，後者は学校における慣習や文化または教師の言動などから暗黙（無意識）のうちに児童・生徒が学びとる社会の

価値観や規範のことをいう。ジェンダーと教育研究においては，性別二分法・男子優先・性別のステレオタイプイメージ（固定的イメージ）など[2]が「潜在的（隠れた）カリキュラム」として取り上げられている。

2. 近代の教育における男性／女性

さて，一般の人々の教育権や教育制度が確立した近代社会において，男性／女性はどのように位置づけられていたのだろうか。

本書の第2章に取り上げられているように，近代教育学の先駆者の一人として知られる17世紀の教育思想家，ヨハン・アモス・コメニウス（Johannes Amos Comenius, 1592-1670）は，著書『大教授学』の第9章を次のように書き始めている。「男女両性の青少年全部が　学校の手に託ねられ(ママ)なければならないこと。1. 金持の子弟や身分の高い者の子弟ばかりでなく，すべての子弟が同等につまり貴族の子どもも，金持の子どもも貧乏な子どもも，<u>男の子も女の子も</u>，あらゆる都市　町　村　農家から　学校へあがらなければなりません[3]。」（下線：引用者による。以下同様）

コメニウスから100年後，フランスの思想家ジャン＝ジャック・ルソー（Jean-Jacques Rousseau, 1712-1778）が登場する。「教育について」という副題をもつ『エミール』は，「万物をつくる者の手をはなれるときすべてはよいものであるが，人間の手にうつるとすべてが悪くなる」（第1編）の書き出しで有名である[4]。同書の以下のフレーズもよく引用される。

　わたしたちは分別をもたずに生まれる。わたしたちには，判断力が必要だ。<u>生まれたときにわたしたちがもっていなかったもので，大人になって必要となるものは，すべて教育によってあたえられる</u>。（『エミール（上）』第1編，p. 24）

　わたしたちは，いわば，二回この世に生まれる。一回目は存在するために，二回目は生きるために。はじめは人間に生まれ，<u>次は男性か女性に生まれる</u>。（『エミール（中）』第4編，p. 5）

女性の教育はすべて男性に関連させて考えねばならない。男性の気に入り，役に立ち，愛され，尊敬され，男性が幼いときは育て，大きくなれば世話をやき，助言をあたえ，なぐさめ，生活を楽しく快いものにしてやる，こういうことがあらゆる時代における女性の義務であり，女性に子供のときから教えなければならないことだ。(第5編，p. 21)

　　自然は，考えること，判断すること，愛すること，知ること，顔と同じように精神をみがくこと，そういうことを女性に望んでいる。それらは女性に欠けている力の代わりになるように，そしてわたしたち男性の力を導くように，自然があたえている武器なのだ。女性は多くのことを学ばなければならない。(第5編，pp. 19-20)

　現代社会では，批判の対象となる文言も散見するのだが，『エミール』が書かれた時代の教育論は，男性の教育論として展開され，女性は，男性の力を導くものとする人間観に立つ教育がよく示されている。しかし，道徳性，思考力，判断力は男性も女性も学ばなければならない，という指摘は見落としてはならないであろう。

3. 近代日本の男女別学体系

　史上最年少の17歳でノーベル平和賞を受賞したパキスタンの少女，マララ・ユスフザイ (Malala Yousafzai) さんは，国連本部でのスピーチのなかで，'One child, one teacher, one pen and one book can change the world' と述べ，男女が平等に教育を受ける権利の重要性を唱えた。このことは，遠くイスラム圏における教育問題であるととらえてよいのだろうか。

　先にみたコメニウスが学校教育の仕組みを構想したのは17世紀半ばであったが，近代日本の教育はどのように始まったのであろうか。

　1945年以前の学校教育は，男女別学を基本とし，中等教育以上の学校種別は男女別体系をとったうえに，高等教育に至っては基本的に女子の入学を拒否する体制を続けてきた。女子を教育から遠ざける文化は，日本社会においても

無縁のものではなかった。

　学制発布以降の初等・中等・高等教育の状況を概観しておきたい。近代的な学校教育制度は，1872（明治5）年8月に出された学制によって始まった。学制を支える教育理念を示した「学事奨励ニ関スル被仰出書（學制序文）」には，「一般ノ人民　華士族卒農工商及婦女子　必ス邑ニ不學ノ戸ナク家ニ不學ノ人ナカラシメン事ヲ期ス」とあり，身分や男女の区別なく国民皆学がめざされた。しかし，7年後の教育令では小学校の教科目のなかに，たとえば，「女子ノ為ニハ裁縫等ノ科ヲ設クヘシ」（第3条）と規定され，女子のみが裁縫の授業を受けることとなり，初等教育段階であっても男性／女性で教育内容に違いがみられた。

　制度化はされたものの，小学校の就学率はどのように推移したのだろうか。

　表9-1にみるように，学制発布から3年後の1875年の男子の就学率は50.8%，女子は18.7%であった。その後も女子に対する教育期待は低かったが，1900年の授業料無償制の確立以降，一気に就学率が上昇し，1910年には，男子98.8%，女子97.4%に達する。中等教育においても，男子の教育機関は5年制の中学校が，女子には，1899年の高等女学校令の公布によって原則4年制の高等女学校が制度的に確立した。加えて，学科目や教育内容にも差異がみられた。たとえば，理数系の科目の授業時間数は，中学校：34時間，高等女学校：15時間と大きな開きがあったのである。

表9-1　明治期の小学校における学齢児童就学率（1875-1910年）

	男子（%）	女子（%）	平均（%）
1875 年	50.8	18.7	35.4
1880 年	58.7	21.9	41.1
1885 年	65.8	32.1	49.6
1890 年	65.1	31.1	48.9
1895 年	76.7	43.8	61.2
1900 年	90.6	71.9	81.7
1905 年	97.7	93.3	95.6
1910 年	98.8	97.4	98.1

（出所）海原徹『日本史小百科　学校』東京堂出版，1996年，「学校教育統計」p.30より作成

さて，戦前の学校教育制度のもとでは，中等教育のみならず，一部の例外を除いて，女子の高等教育機関への進学もいちじるしく限られ，知識領域は明治初期から男女による方向づけがされていた。このことは，男女で異なった能力の形成につながり，さらに個人の果たす役割や男女のあり方を固定化していった。この点で，近代教育は学校教育を通して配分される知識や教育機会が男女の性別で明確に分化されていたといえよう。

4. 現在の高等教育機関等への進学率

　戦後は，教育理念のひとつの柱をなす男女平等という理念のもと，女子にも男子と同様の教育機会が提供され，学びにおける男女平等はかなりの程度まで達成されてきた。

　後期中等教育からみてみよう。高等学校への進学率を「学校基本調査」でみると，1950（昭和25）年度には男子の方が11ポイント高かった（男48.0％＞女36.7％）が，1969年度以降，現在まで一貫して女子のほうがわずかに高く推移している（2022年度：男98.7％＜女98.9％）。

　高等教育はどうだろうか。2022年度現在，短期大学を含まない大学（学部）進学率（過年度含む男子59.7％＞女子53.4％）では男子が高く，6ポイントの差がある。しかし，大学・短期大学への進学率（2022年度：過年度含む男子60.6％＞女子60.1％）は，男子がわずかに高いものの，男女での差はほとんどない。短期大学選択というジェンダー・トラック（性役割観による進路選択の機会と範囲の制約を生み出す構造[6]）における課題も示唆されるが，これら進学上昇は，女子の教育機会の量的拡大が進んだことを如実に示しているといえよう。

③ 学校教育分野の男女共同参画

1. 教職ジェンダー

　2014年6月に公表されたOECD国際教員指導環境調査（TALIS 2013）は，日本の中学校教員の世界一多忙な勤務環境を浮き彫りにした。また，教員の性

別構成比においても，中学校の女性教員の割合（日本39％＜参加国34カ国平均68％）のみならず，女性校長の割合（日本6.0％＜参加国平均49.4％）も参加国中最も低いという結果であった。ちなみに，図9-1「2022年度公立学校校長・園長に占める校種別女性の割合」が示すように，幼稚園（83.1％），認定こども園（94.3％），小学校（25.2％），中学校（9.8％），高等学校（9.3％），特別支援学校（28.1％）であり，学校段階の上昇とともに，女性校長の割合は低下する。男女共同参画の状況は改善傾向にあるものの，依然として学校教育の場も「管理職＝男性」という社会の縮図的側面を多分にもっているといえよう。

天野正子は，「教育は性別による不平等がみえにくい，『平等幻想』の支配の強い領域である[7]」と述べ，木村涼子は「校長や教頭には男性が向いていると考える子どもが多い」などの自らの調査結果に基づき，「教員役割についても性別適性の観念が浸透している[8]」と指摘する。

小学校では女性教員の比率がすでに6割を超え，教員給与などの勤務条件にも性差が無いにもかかわらず，女性教員は管理職への階梯を上がることが難しく周辺化されてきた。管理職の性による偏りはもとより，学校段階の上昇とともに見られる女性教員数の減少，高学年担任や教務主任・生徒指導主事には男性が多く，低学年担任や音楽・家庭科の教諭，保健主事・清掃美化主任には女性教員が多いなどの校務分掌における教員配置にはジェンダー差が存在する。こうした教職に関する性別構成の不均衡は，教員組織や職務のなかに存在するジェンダー関係，つまり〈教職ジェンダー[9]〉ととらえられよう。

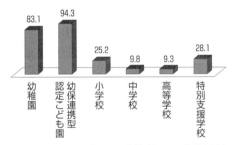

図9-1　2022年度公立学校校長・幼稚園等園長に占める校種別女性の割合（％）

（注）・幼保連携型認定こども園：認定こども園法の改正（2015年4月1日施行）により，新たな学校種として幼保連携型認定こども園が創設されたことにともない，本調査対象となった。
　　　・高等学校：全日制＋定時制の計
（出所）文部科学省「学校基本調査」2022年度版により作成

2. 女性校長の誕生

ところで，学制発布以降1945年までは，千葉県（秋葉屋寿校長　明治35年登用）・宮城県（小野寺あいし校長　大正14年登用）をはじめ少なくとも14人の女性校長が存在していたことが明らかになっている[10]が，戦後，各都道府県初の女性校長はいつ，どのように誕生したのであろうか。

1946-1952（昭和21-27）年にGHQの占領政策の基本方針における一連の教育の民主化政策に導かれて，地方軍政部教育課の手により小学校を中心に女性校長が登用されていった。この時期の女性校長とは，各県における女性校長第1号といってよい。しかし，この全国的な女性校長の誕生は，「時代が変わり，女の校長先生が出きたそうだが，それにしても女の校長の下で働く男の先生の顔がみたい」「この町は品川きってのドル箱ですよ。そこへ女をよこすなんて町を侮辱するのも甚だしい。」「マッカーサープレゼント」「ポツダム校長」などと揶揄する声があるなかでの船出であった[11]。

1949年度には小学校の男性校長20,566人に対して女性校長は108人，女性比率は0.5％であった。現在は，前述のように女性校長比率は2割（25.2％）を大きく超え，戦後すぐの比率と比べ隔世の感があるもののすでに6割を超えて久しい女性教員比率とのアンバランスは否めない。

④ 保育の場における男女共同参画

1. 就業分野における性別分離

現代社会は子育て・教育・保育環境の多様化にともない，ジェンダーに敏感（sensitive）な保育士や教員の養成がとくに求められている。

あらためていうまでもなく，保育とは，乳幼児を保護・養護し育てることであり，人間が人間を育て・育む営みである。加えて，保育の基本的な役割とは，子どもの成長・発達を保障すること，親が働くことを支えること，地域・社会の子育てを支援することなどである[12]。

これまで，看護師と並んで保育士，幼稚園教員，小学校教員などは，女性の

天性の仕事として一般にとらえられ，結果，圧倒的に女性で占められてきた。これらの現象は，大学・短大における女性の専攻選択の偏りとの密接な結びつきにあると指摘される。文部科学省統計で「大学学科別学生数（2022年度）」をみると，女子に高い上位専攻分野は，薬学・看護学，人文科学，教育で，男子のそれは工学，理学，医学・歯学である。結果として，養育・ケア的側面が強い就業分野には女性が多く，養育面が弱まり高い知識や専門性が強い分野は男性という性分離が顕著に表れている。その一方で，近年，女性という生物学的な性が，母性を生まれつきもっているわけではなく，子どもを育てる経験のなかで養護性が育っていくことが明らかにされている[13]ことも確認しておきたい。

2. 白線帽の青年　倉橋惣三

わが国の幼児教育界の指導的立場にあった倉橋惣三（くらはしそうぞう）（1882-1956）は，著書『子供讃歌』のなかで，「お茶の水幼稚園（東京女子高等師範学校附属幼稚園，現在のお茶の水女子大学附属幼稚園）へ，一人でよく遊びにくる白線帽の青年があった。明治時代のことである[14]。」と書き出している。その青年とは，第一高等学校（旧制）から東京帝国大学への入学を果たした倉橋惣三自身のことである。信濃町の二葉保育園にも「にいちゃん，きょうもきたな」と言われながらしばしば通っている。荒井洌は，『倉橋惣三・保育へのロマン』のなかで，この青年を「ちっとばかり変わった道を選んだものだなあ。なぜかって，バンカラが主流だったあのころに，学生帽をかぶった青年が，女性と子どもの世界だった幼稚園に足しげく出入りしていたなんて（略）考え方に深みのある人に違いない。」と評した[15]。

この青年，すなわち倉橋惣三は，1917年，東京女子高等師範学校教授に，そして同附属幼稚園主事を務める。その後，日本保育学会を創設し，生涯を日本の幼児教育の発展に捧げ，尽力した。

3. 保育者の性差

男性保育士が法的に認知されたのは，1977年の児童福祉法の改正によるが，表9-2にみるように，2020年の保育士の就業者数は634,080人であるが，う

表 9-2　男女別の保育士就業者数と割合の推移 (1995-2020 年)

	男性 (%)	女性 (%)	計 (%)
1995 年	2,515 人 (0.8%)	302,575 人 (99.2%)	305,090 人 (100%)
2000 年	4,666 人 (1.3%)	356,822 人 (98.7%)	361,488 人 (100%)
2005 年	9,277 人 (2.2%)	410,019 人 (97.8%)	419,296 人 (100%)
2010 年	12,100 人 (2.5%)	469,400 人 (97.5%)	481,500 人 (100%)
2015 年	15,980 人 (2.9%)	526,620 人 (97.1%)	542,600 人 (100%)
2020 年	19,930 人 (3.1%)	614,150 人 (96.9%)	634,080 人 (100%)

(出所) 総務省統計局「国勢調査」各年度に基づき作成

ち男性保育士数は，19,930 人で，男性比率は 3.1％といちじるしく少ないといわざるをえない。この 20 年間で 4.3 倍に増えてはいるが，さらなる増加のためには，職場環境や処遇の改善等が望まれる。保育役割は次代を担う人間を育て，育む重要な仕事として適性に評価されることが重要である。

　また，育児に積極的に関わる男性を「イクメン（育メン）」と称し，社会に認知され久しいが，2022 年度雇用均等基本調査が厚生労働省から公表され，男性の育児休業取得率が過去最高の 17.13％となったことが明らかとなった。前年度（2021 年度　13.97％）より 3.16 ポイント上昇したものの，政府が掲げる「2025 年 50％」という目標からは大きな開きがあり，男性の子育て環境は依然として厳しい実情である。ここから見えてくる「子育ては母親」という価値観には，ジェンダー問題との関連が示唆される。

⑤ 持続可能な社会を支える多様な力

1. ジェンダー格差の現状と解消に向けて

　明治維新後，日本の近代化の先駆者であった福澤諭吉は，終生一貫して男女平等を訴え夫婦をもとにした家庭の大切さを説いた。『中津留別乃書』のなかで，「人倫の大本は夫婦なり…男といい女といい等しく天地間の一人にて軽重の別あるべき理なし」と記した。男女の平等と自立を基盤にした福澤の論は，現代社会からみれば至極当然である。しかし，彼の一連の主張は，時代の影響が色

濃く残る明治時代にあっては，必ずしも時代に受け入れられるものではなかった。

　彼の男女平等の提言から150年余りを経た2023年6月，世界経済フォーラム（WEF）は，各国の経済・教育・政治・保健の4分野のデータをもとに男女格差の現状を評価した2023年版「Global Gender Gap Report」（世界男女格差報告書）を発表している。国ごとのジェンダー平等の達成度を表すジェンダーギャップ指数（Gender Gap Index：GGI）については，日本は146カ国中125位で，指数は横ばいながら，順位は前年（146カ国中116位）から9ランク下がり，2006年の公表開始以来最低となった。女性の衆議院議員比率が9.9%という低さも作用し，政治分野が世界最低クラスの138位で，男女格差が埋まっていないことが改めて示された結果である。

　ジェンダー平等に向けた取り組みは，SDGsでも課題になっている。SDGsとはSustainable Development Goals（持続可能な開発目標）の略語である。2030年までに世界が達成する目標として，2015年の国連サミットで採択され，17のゴール（目標）と169のターゲット（具体的目標）から構成されている。地球上の「誰一人取り残さない（leave no one behind）」を基本理念に掲げている。目標5には，「ジェンダー平等を実現しよう」のテーマのもと，9個のターゲット（女性及び女児に対するあらゆる形態の差別の撤廃など）が示されている[16]。ジェンダー平等は，持続可能な社会の必須要件であるという考え方が国際社会に定着してきており，これらの実現には，社会全体で取り組む必要がある。

2. 多様な力が拓く持続可能な社会

　日本は，女子差別撤廃条約批准そして男女雇用機会均等法施行からおよそ40年を経たが，男女平等は古くて新しい世界的なテーマでもある。男女共同参画社会の一層の進展のための取り組みや課題を整理し，まとめとしたい。

　社会的性差を意味するジェンダーや，年齢・人種・国籍・信条・障がいの有無・性的マイノリティ（性的少数者）や価値観等の違いを認め合う多様性への尊重が世界的な潮流となっている。東京2020オリンピック・パラリックの基本コンセプトのひとつに，「ダイバーシティ＆インクルージョン：多様性＆包摂」

が掲げられたことも記憶に新しい。多様性への配慮が求められる中,「LGBT理解増進法」が2023年6月に公布・施行され,国や自治体で基本計画や指針の策定に向けた議論が始まっている。なお,LGBTとは,レズビアン・ゲイ・バイセクシュアル・トランスジェンダーの英単語の頭文字を並べた略称で,特定の性的マイノリティを包括的に指す総称である。

　学校教育の場においても,男女が明確に区別された制服の改革が動き出している。具体的には,スラックス,スカートなどの選択肢を用意し,性別によらずに自由に選択できる学校が増え,制服のあり方を見直す動きが広がっている。

　他方,文部科学省「児童生徒の不登校等調査」(各年度版)に基づき,現代の教育課題として指摘される不登校といじめ問題に目を転じれば,学校に行けずに心を痛めている不登校の児童・生徒数に性差はほとんどないが,いじめ認知件数と児童生徒の自殺は男子に多い傾向がある。

　今後,ジェンダーの視点から教育・保育について考える場合,女性(女子)が置かれている立場の課題だけではなく,「男は泣いてはいけない」「やればできるはずだ」など,男性(男子)が抱える問題状況にも目を向ける必要があろう。多様な個性が協働・参画して力を発揮し,個人がその能力と個性を十分に発揮できる持続可能な社会の一層の進展を目指したい。

【髙野良子】

1　文部科学省「学校基本調査(2022年度確定値)」によると,2022年4月現在,大学(短期大学を除く)は807校ある。しかし,日本には,女子大学は存在するが,男子大学はない。その理由を考えてみよう。
2　教科書は,教科の主たる教材として位置づけられ,学習を進めるうえで重要な役割を果たしている。通常,4年毎に改訂の機会があり,大幅な内容の更新がされている。「隠れたカリキュラム」という観点から,最近改訂の教科書を用いて,そこに描かれている男女のイメージを分析してみよう。

注

1) 内閣府男女共同参画局 HP「男女参画関連用語」http://www.gender.go.jp/about_danjo（2015.12.1 閲覧）
2) 木村涼子「ジェンダーと教育」岩井八郎・近藤博之編著『現代教育社会学』有斐閣，2010 年，p. 70
3) コメニウス，梅根悟・勝田守一監修／鈴木秀勇訳『大教授学』明治図書，1986 年，p. 98
4) 以降につづく，『エミール』の翻訳引用文は，以下の訳書による。
   今野一雄訳『エミール』（上）（中）（下）岩波書店，1962 年
5) マララ・ユズフサイ，クリスティーナ・テム著，金原瑞人他訳『わたしはマララ』学研パブリッシング，2013 年，p. 424
6) 中西祐子『ジェンダー・トラック』東洋館出版社，1998 年
7) 天野正子「『性と教育』研究の現代的課題」『社会学評論』第 39 巻第 3 号，1988 年，p. 266
8) 木村涼子『学校文化とジェンダー』勁草書房，1999 年，p. 54
9) 髙野良子「女性校長低率要因に関する一考察」『日本女子大学大学院人間社会研究科紀要』第 5 号，1999 年，p. 106
10) 髙野良子『女性校長の登用とキャリアに関する研究―戦前期から 1980 年代まで公立小学校を対象として（日本女子大学叢書 2)』風間書房，2006 年，pp. 41-74
11) 髙野良子，同上書，pp. 81-144
12) 近藤幹生『保育とは何か』岩波書店，2014 年，p. 4
13) 大日向雅美『母性の研究：その形成と変容の過程―伝統的母性観への反証』川島書店，1988 年
14) 倉橋惣三『子供讃歌』フレーベル館，2008 年，p. 13
15) 荒井洌『倉橋惣三・保育へのロマン』フレーベル館，1997 年，pp. 10-11
16) 外務省「持続可能な開発目標（SDGs）と日本の取組」SDGs_pamphlet.pdf（mofa.go.jp）（2023.10.15 閲覧）

column

インクルーシブ教育

共立女子大学家政学部准教授　広瀬 由紀

　2014年1月，日本は「障害者権利条約」に批准しました。それはわが国が，障害の有無にかかわらず誰もが相互に人格と個性を尊重し，支え合い，人々の多様なあり方を認めあえる全員参加型の社会（＝共生社会）の形成をめざして動き出したことを意味します。その24条では，教育に関する障害者の権利について認めたうえで，あらゆる段階で障害者を包容する教育制度（＝インクルーシブ教育システム）および生涯学習を確保することが定められています。

　インクルーシブ（包含する）という言葉は，エクスクルーシブ（排除する）の反対語です。すなわち「インクルーシブ教育」とは，「誰もが排除されない教育」ととらえることができます。実際の展開は，文化や制度等を背景に，各批准国で異なりますが，日本のインクルーシブ教育システムでは，障害の有無にかかわらず子どもたちができるだけ同じ場でともに学ぶことを追求するとともに，自立と社会参加を見据え，その時点での教育的ニーズに最も的確に応える指導を提供できる，多様で柔軟な仕組みを整備することの重要性が示されています。「同じ場でともに学ぶ」とは，同じ場にいるだけではなく，そこでの授業内容がわかり，学習活動に参加している実感・達成感をもちながら充実した時間を過ごすことです。そのために，学校や先生は，一人ひとりの教育的ニーズ等に応じて環境等の配慮を整えることが求められます。これは，障害を環境との兼ね合いでとらえるという考え方に基づきます。そして，本教育システムの構築に向けて，特別支援教育を着実に進めていくことが必要とされています。

　就学前の教育に目を向けてみると，さまざまな要因から，園での生活が充実しにくい，他児のなかで自分らしく過ごせていないという子がおり，保育者が対応に悩んでいる場合も見受けられます。一方で，多様な子どもがいることを前提として，保育を子どもに応じて柔軟に展開しつつ，将来を見据えて子ども同士のつながりを大切に育んでいる保育もあります。こうした現状のなか，2022年8月，国連の権利委員会はわが国に対して分離された特別な教育をやめることなどを含めた改善勧告を出しました。共生社会の形成に向け，今後はどのステージでも，一人ひとりの多様な学び方や教育的ニーズに応じ，周囲のなかでよりよく学ぶ教育の追究がさらに求められます。

第10章
多文化共生と教育

① 差異とともに生きるという課題

　人は，だれもが個性的な存在である。人は生まれながらに異なっており，環境から影響を受けながらさらに個性的に成長する。人間の成長は，個性化の過程そのものであり，一人ひとりが個性的な存在なのである。

　私たちの生きる社会にはまた，自分とは異なった性別をもつ人，国籍や民族的・言語的背景をもつ人，宗教を信じる人，才能をもった人，障害のある人，性的少数派（LGBT）の人など，多様な人々がいる。

　私たちは，個性的で多様な個人によって構成される多文化社会に生きており，こうした私たちの多様性は，社会を豊かでダイナミックなものにしてくれる。違いがあるからこそ，学び合うことができ，差異との出会いにより新しい価値を創造することができるのである。

　しかしながら，これまでの教育は，一人ひとりの個性や多様性を十分に評価するものではなかったといえるだろう。異なる能力や個性は見過ごされがちであったり，「出る杭は打たれる」式にかえって疎まれたりと，個々の子どもの差異やニーズに対応した教育はまだ十分に実践されていない状況にある。

　では，個性や多様性が尊重され，違いにかかわらずだれもがありのままで生きられる共生社会を築いていくためには，どのような教育のあり方が求められるのだろうか。本章では，ニューカマーの外国人の子どもに焦点をあて，多文化共生をめざす教育の考え方と進め方について検討したい。

❷ 多文化化の進展と外国人の子どもの増加

1. 外国人の子どもの増加

　日本は少子高齢化が急激に進行し，人口減少社会が到来した。一貫して増加してきた人口は 2010 年の約 1 億 2,806 万人をピークに減少に転じ，このペースが続けば 2048 年には 1 億人を割り，2060 年には約 8,674 万人へと劇的に減少することが予想されている。こうした少子高齢化を背景とした深刻な労働力不足に対応するため，2018 年に入国管理法が改定された。人手不足の職種にまで外国人労働者を受け入れる大きな見直しで，今後いっそうの外国人の増加が見込まれており，本格的な多文化社会へ移行するための体制づくりが急がれている。

　一方で，日本社会の多文化化はすでに大きく進んでいる。教育現場を例にとると，外国につながりのある子ども数は，とくに 1989 年改定の入国管理法の

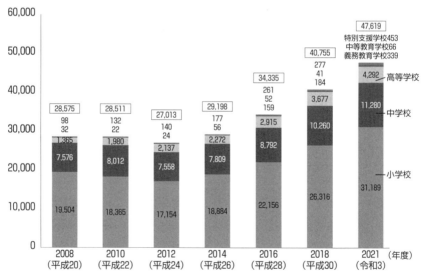

図 10-1　日本語指導が必要な外国人児童生徒の受入状況

（出所）文部科学省「日本語指導が必要な児童生徒の受入状況等に関する調査結果について」2022 年 10 月，p. 10

施行以降，南米日系人の流入等により増加が著しい。リーマンショック後は一時減少もみられたものの，その後は一貫して増加傾向にある。外国籍をもつ子どもの在籍数は，幼稚園，幼保連携型認定子ども園ではそれぞれ 7,188 人，3,522 人の合計 10,710 人（2019 年），保育所では 2 万 5,752 人（2020 年）である[2]。公立学校における日本語指導が必要な外国籍の児童生徒数[3]は，図 10-1 のように，小学校 31,189 人，中学校 11,280 人，高等学校 4,292 人など合計 47,619 人（2021 年）となっている。母語別の割合でみると，ポルトガル語（25.1％），中国語（20.9％），フィリピノ語（15.7％），スペイン語（7.8％），ベトナム語（5.7％）となっている。これらの外国につながる子どもは，集住地域ではその割合が 5 割を越えるような学校も散見される一方で，在籍人数別にみる「10 人未満」の市町村（486）が全体の 55.4％を占めるなど，全国に広く散在している状況にあるといえる。

2. これまでの取り組みと残された課題

　外国人の子どもたちの増加に伴い，日本の教師がこれらの子どもを担任することもそれほどめずらしいことではなくなっている。このような状況に対処するため，日本語指導教室の設置や教員加配，バイリンガル支援員の巡回指導，学校への準備を促すプレクラスの実施など，これまで受け入れ態勢が整えられてきた。さらに，在籍学級への移行を促すために教科内容を基礎に日本語指導を行う JSL（Japanese as Second Language）カリキュラムも開発されたり，「特別の教育課程」を編成できるようになったりしている。

　しかしながら，学校教育は外国人の子どもの言語的なニーズに応えられておらず，学力問題はいまだに深刻である。たとえば，ニューカマーの高校進学率は日本人を大きく下回っており，第二言語学習者であるかれらの多くは，高校入試に合格するだけの日本語能力や学力を形成するまでには至っていない。

　また，外国人の子どものもつ異文化は剝奪される傾向にある。母文化や母語は，ものの見方や考え方の基礎を形づくるもので，子どもがアイデンティティを追究していく基盤となるものである。しかし，日本の学校は，すべての子ど

もを同じに扱うことが基本で，かれらが学校に適応して学力をつけていこうとすればするほど，自分の文化や言語を捨て，ホスト社会に同調することが求められる。そのため，学校教育は，外国人の子どもから独自の文化や言語を奪う形で機能しているのである。

　外国人労働者の在住期間の長期化や定住化が進み，2018年の入管法改定により外国人の大きな増加が予想されるなかで，外国人の子どもの教育ニーズに応えて学力保障や母言語・文化の保持を実現し，さらに，すべての子どもが多文化共生社会を築いていく力を育成することが主要な課題となっているといえる。

❸ 外国人の子どもたちと多文化共生の課題

1. マイノリティとマジョリティの力関係と日本人性

　外国人の子どもの状況をとらえるには，マジョリティとマイノリティという力関係を理解することが重要である。この点を，日本人性という概念をもとに考えてみたい。日本人性（日本人であること）とは，日本人／非日本人（外国人）の差異のポリティクスによって形成されるもので，目に見えない文化実践，自分・他者・社会をみる見方，構造的な特権から構成されるものである。

　第一に，日本人であることは，不可視な文化実践をもつことを意味する。日本社会では，日本人の制度，慣習，嗜好に従って生活が営まれているが，こうした文化的な慣行はあたり前のことなので通常意識されることはない。

　第二に，日本人であることは，自分・他者・社会をみる見方をもつことを意味する。日本社会のなかで何がノーマルで大切であるかは，マジョリティ（日本人）の価値観や視点をもとに決定されている。

　第三に，日本人であることは，特権をもつことを意味する。日本人は，目にみえない文化的な規範によって，自らのルールが暗黙のうちに優先されるという社会的な特権を有している。

　問題を難しくしているのは，こうした文化的な標準や特権が，私たちが空気

144

の存在を意識しないように，マジョリティ（日本人）側には当然のこととして認識されない点にある。そのため，マイノリティ（外国人）の主張は，日本社会の基準に合わないものとして排除されてしまう傾向にあるのである。

2. 文化的不連続な「ガラスの箱」の可視化

　日本人がマジョリティである多文化社会において，外国人の子どもたちが直面する文化的に不連続な実践は，かれらの可能性を制限する形で機能することになる。このような日本人性によって引き起こされる不可視な文化実践をここでは「ガラスの箱」という言葉で表現したい。

　「ガラスの箱」とは，ガラスのように透明で何もないように見えるが，現実には確かに存在するものである。それは，日本人の常識としての言説や言説実践，日本人のまなざし，あるいは，日本人の特権などによって構成され，外国人の行為を制限したり，枠づけたりするものといえる。

　すなわち，日本人としてのマジョリティ性が存在するため，意識にのぼらない日本人の経験，価値，生活様式は，外国人にも当然のこととして一律に適用されることになる。一方で，外国人のあり様を枠づけている「ガラスの箱」は，特別な努力をしない限り，日本人にとっては見ることができない。そのため，マジョリティの日本人には気づかれることはないまま，暗黙の了解とされる文化実践が繰り返されることになり，マイノリティの生きづらさを生む原因となっているのである。

　したがって，多文化の共生をめざすにはまず，このような「ガラスの箱」という不平等な現実をいかに「見える化（可視化）」していくかが課題となる。

④ 多文化共生をめざした教育

1. 多文化共生のまなざし

　では，「ガラスの箱」としての文化実践の可視化を進め，日本社会を再構築していくために，どのような多文化共生の理念や視点が教師には求められるだ

ろうか。ここでは，新たな視点として「多文化共生のまなざし」を提案したい。

　さて，一人の人間は，人類の一員であり，文化諸集団の成員であり，一個人でもある。そのような人間の属性を考えると，平等で公正な多文化社会をめざすには，人間としてのまなざし，文化や個人の差異に対応するまなざし，共生へのまなざしが必要であるように思われる。

---

①人間としてのまなざし
②文化的・個人的な差異に対応するまなざし
③共生へのまなざし

　多文化共生をめざすには第一に，人間としてのまなざしをもち，人権を守ることが必要である。だれであっても社会的には，学力を保障してキャリア形成を支援し，文化的には，自文化や母語を学習する機会を提供していくことが等しく求められるだろう。

　第二に，文化的・個人的な差異に対応するまなざしをもち，文化や個人の違いに応じて適切な支援を進める必要がある。文化的な差異の点から，異なる文化や言語に考慮して文化的にレリバントな支援を行ったり，個人の差異の点から，発達，生活経験，興味関心等の個人差に対応した支援をしたりする必要があるだろう。

　第三に，共生へのまなざしをもち，協働して生きていく意志が必要である。私たちは，異なる文化を知り，多様な人々と効果的なコミュニケーションをとりながら，協働していく意欲や行動力を育んでいくことが求められるだろう。

　一人の人間として，文化的・個人的な個性をもつ個人として，多文化の共生に向けて協働する市民として，子どもたちを多面的に注意深くとらえ，多文化共生のまなざしの涵養に向けて働きかけていくことが期待されているといえる。

2.　バリアフリーからユニバーサルデザインへ

　多文化の共生を進めるにあたっては，多文化共生のまなざしの視点に立ち，

①バリアフリーの段階から，②ユニバーサルデザインの段階へと教育のあり方を展開させていくことが考えられる。

①　バリアフリーの段階

多文化の共生をめざすには第一に，文化的不連続に伴う外国人の子どものつまずきを把握し，支援の手だてを追究するバリアフリー化が必要である。

学校においてはこれまで，特別なニーズに応えるために，初期日本語指導，適応支援，入学・就職支援等の取り組みが少しずつ進展してきた。しかし，学力問題や異文化の剥奪などの課題がいまだに残されている。

たとえば，先行研究から，日常で使用する会話力は1〜2年で獲得されるのに対し，教科に特有の抽象度の高い学習言語の習得には5〜7年かかるといわれている。したがって，日本語を流暢に話していても，授業についていけない外国人の子どもは多い。このことを考えると，教科学習言語の支援のない日本の学校教育の現状は，かれらを制度的に落ちこぼす形で機能しているといえる。

そこで，授業づくりにあたっては，内容ベースの言語指導の知見に学ぶことが考えられる（松尾，2021）。教科学習言語のニーズに応えて，教科の基本概念や学習方略を指導するとともに，わかりやすい日本語を使う，絵，図，物などを使い見えるように教える，明快な授業構成にする，ていねいに板書するなどの手だてを提供して，かれらが直面するバリアを取り除いていくなどの工夫が考えられる。

多文化共生をめざすにはまず，授業づくりの例にみられるように，外国人の子どものつまずきの実態把握と支援の手だてを追究していくことで，文化的差異に起因する障壁を取り除くバリアフリー化が進められなければならない。

②　ユニバーサルデザインの段階

第二に，外国人の子どもの課題をすべての子どもの視点から再検討することで，教育のユニバーサルデザイン化を進めることが重要である。

ここでユニバーサルデザインとは，文化，言語，年齢，障がいなどの差異を問わず，だれもが利用可能になるように工夫するデザインのあり方をいう。このようなデザイン的な配慮は，文化的差異をもつ者にとっては「ないと困る」

支援であり，その他の者にとっては「あると役に立つ」ものである。

　教科学習言語のニーズに対応した支援は，前述のように，外国人の子どもにとってはなくてならないものである。一方で，そうした教科の中心的な概念を重視したり，見えるように工夫したりする授業づくりは，つまずきがちな子どもを含めすべての学習者にとって利益になるアプローチでもある。したがって，外国人の子どものニーズをすべての子どもの視点からとらえ直すことで，だれにでもわかりやすい授業づくりへの転換につながっていくのである。

　さらに，ユニバーサルデザイン化を進め，マジョリティとマイノリティの多様な子どもがともに学ぶ機会の保障も重要である。たとえば，日本語の取り出し指導をすることで通常学級での学習の機会を奪うのではなく，多文化クラスにおける学びをデザインすることが考えられる。そこでは，日本語指導への配慮に加え，文化や言語，歴史や経験，偏見や差別，異文化間のコミュニケーションなどを学び合う経験が大切であろう。双方向的な学習を促し，異なる視点や考え方を学び，また，協働して問題解決に取り組む学習を繰り返すことで，多文化社会を生き抜く力を培っていくことが期待されるのである。

　教育のユニバーサルデザイン化にあたっては，特別なニーズをすべての子どもの利益に転換すること，また，マイノリティとマジョリティの学び合いを保障することを通して，すべての子どもの学力を向上させ，多文化社会を生き抜く力を育成していくことが求められるだろう。

　以上のように，多文化共生をめざすには，外国人の子どものニーズや課題を探ることからバリアフリー化を進めるとともに，新たな社会関係や支援のあり方を模索してだれもが利益を得られるユニバーサルデザイン化への展開が期待されているのである。

⑤ 教師に求められるもの

1. 自文化中心主義の克服

　多文化共生の課題がますます大きくなるなかで，教師には，何が必要なのだ

ろうか。第一に，教師には，自文化中心主義的なパースペクティブをいかに脱中心化していくのかといった意識改革が求められるだろう。

　自分たちの生まれ育った経験や文化が，ものごとについて考えたり理解したりする基本になるため，私たちは日頃，身の回りの世界，他者，自分自身について，自文化の視点からとらえている。こうした視点は，日本人性で検討したように，日本社会のなかでは，マジョリティとして，目にみえない文化的な規範を形成しており，自らのルールが暗黙のうちに優先されることになっている。

　一方，これらの文化的な特権は，マジョリティ側には当然のこととして認知されない。そのため，マイノリティのものの見方や考え方は，（マジョリティ）社会の基準に合わないものとして排除される傾向にあり，「踏まれた足の痛みは，踏まれた者にしかわからない」ことになるのである。

　したがって，教師にはまず，自らの自文化中心主義的に気づくことが求められるだろう。そのうえでさらに，自分とは異なる文化の見方や考え方を学び，文化的な他者の視点に立つことができるような多文化のパースペクティブを培っていくことが求められるのである。

2．多様性と同質性

　第二に，教師は，多様性と同質性についての敏感な感覚や認識をもつことが求められる。

　私たちはしばしば，文化的な差異にばかりとらわれ，自分とは異なる他者を二項対立的にとらえてしまう傾向にある。異なる文化の間のコミュニケーションを考えた場合，こうした文化を実体化する本質的な見方（文化本質主義）が，人と人との間に境界を作り，相互理解を困難にしている場合も多い。

　一方，多様性というものは，現実には，きわめて重層的であり状況に依存している。個人は複数の社会集団（国籍，人種・民族，宗教，ジェンダー，セクシャリティー，社会階層，障害の有無，年齢，宗教，その他）に同時に帰属しており，個人の視点からいずれの集団が意味をもつかは状況によって異なる。同じ個人であっても国境を越え，あるいは，文化集団の境界を跨げば，立場は逆転する

ことも多い。また，時間的な経過により，所属する集団やその重要度が変化することもありうる。時として，私たちはマジョリティになったりマイノリティになったりするものなのである。

したがって，私たちは，文化的な差異だけではなく，個人的な差異をもち，また，人間としての共通性をもつ存在といえる。換言すれば，私たちは，異質性と同質性を合わせもち，異なる存在であると同時に等しい存在といえる。教師は，このような多様性と同質性のあり様に敏感であることが必要であろう。

3. ともに生きることへのコミットメント

第三に，教師には，ともに生きるということへの決意と意思が必要である。

多文化社会の現実というのは，サラダボールやオーケストラのイメージのような平和的共存というよりは，異なるパースペクティブのために，利害が対立し競合する衝突の絶えない社会といった性質のものであろう。さまざまな視点をもつ人々がいることを考えると，そういった摩擦や軋轢はしかたのないことかもしれない。

しかし，共生していくためには，こうした困難さを認識しつつ，お互いの違いを認め合いながら，共通のルールを見出す努力が必要であろう。その際，自文化中心主義的な自己主張に終始すれば，意味のあるコミュニケーションは成立しない。異なる視点を知り，個々の物語にしっかりと耳を傾け，学び合いながら，ともに生きる道を探っていかなければならないのである。そこで大事なのは，異なる他者を理解することは完全にはできないという現実を受け止めつつ，可能な限り理解しようと努力する意思と意欲であろう。

私たちは多文化社会の形成者として，「自立」した個人同士が，異なる他者と関わり合い「協働」して，さまざまな課題をともに乗り越えていくことで，よりよい社会を「創造」していくことが求められている。グローバル化が加速する今日，教師には，多文化共生社会に向けて，社会的公正の視点をもち，相互理解を図りながら，協働的に問題解決していく責任ある未来の市民の育成を担っていくのだという決意と意思が求められるのである。

おわりに

　多文化の共生とは，どのような社会状況をいうのだろうか。ここでは，文化的な差異に関わらず，だれもがありのままに生きられる社会ととらえたい。多文化が併存する状況のなかで，力関係に関わらず文化的に異なる構成員の間で公正や平等の理念が実現された社会ということになるだろう。

　一方で，日本という多文化社会の現状は，関心をもつ人々の間では取り組みが少しずつ進みつつあるものの，多文化の共生とは程遠い状況にあるといえるだろう。マジョリティの力作用の問題についてはこれまで意識的に問われておらず，異なることが許容され尊重される社会になっているとはいえない。

　多様な人々とともに生きていくために，摩擦や軋轢を乗り越え，違いを認め合い，共通のルールを見出していくという課題は日増しに大きくなっている。今，教師に求められるのは，多文化共生に向けたプロセスで示したように，「ガラスの箱」の可視化を試みるとともに，日本の教育をバリアフリー化し，さらにはユニバーサルデザイン化していくことで，マジョリティとマイノリティの力関係を組み替えていくことではないだろうか。

　そのためにも，教師には，マイノリティに変わることを強いるだけではなく，マジョリティ側の意識改革を促して，日本人の子ども自身を変えていく教育の実践が求められるだろう。さらに，教師は，多文化の共生の視点からマジョリティとマイノリティの子どもが協働する学びをデザインしていくことが必要であると思われる。グローバル化が加速している今日，文化的な差異に関わらず，だれもがありのままに生きられる世界を実現していくためにも，差異とともに生きる日本という多文化共生社会の構築に向けた教師の役割は大きい。

【松尾知明】

Let's try

1　クラスに日本語の指導が必要な子ども (幼児・児童・生徒) が転入してくることになった。あなたはどのような準備や対応をとるのか，個別の支援計画を考えてみよう。
2　保育・教育のバリアフリー化やユニバーサルデザイン化のためには，いかなる環境構成，授業づくり，クラス経営を進めていけばよいかを考えよう。
3　多文化共生を進めるために，教師に求められることは何かを考えよう。

注

1）国立社会保障・人口問題研究所「日本の将来推計（平成 24 年 1 月推計）」2012 年（http://www.ipss.go.jp/syoushika/tohkei/newest04/gh2401.pdf　2023 年 12 月 18 日最終閲覧）
2）文部科学省初等中等教育局幼児教育課「令和元年度　幼児教育実態調査」(https://www.mext.go.jp/component/a_menu/education/detail/__icsFiles/afieldfile/2020/01/30/1278591_06.pdf　2023 年 12 月 18 日最終閲覧)，三菱 UFJ リサーチ＆コンサルティング「外国籍等の子どもへの保育に関する調査研究報告書」2021 年 3 月 (https://www.murc.jp/wp-content/uploads/2021/04/koukai_210426_16.pdf　2023 年 12 月 18 日最終閲覧)
3）文部科学省「日本語指導が必要な児童生徒の受入状況等に関する調査結果について」2022 年 10 月（2023 年 1 月一部訂正）(https://www.mext.go.jp/content/20230113-mxt_kyokoku-000007294_2.pdf　2023 年 12 月 18 日最終閲覧)

引用・参考文献

松尾知明『「移民時代」の多文化共生論―想像力・創造力を育む 14 のレッスン』明石書店，2020 年
松尾知明『多文化クラスの授業デザイン―外国につながる子どものために』明石書店，2021 年
松尾知明『日本型多文化教育とは何か―「日本人性」を問い直す学びのデザイン』明石書店，2023 年

小学校英語教育

帝京平成大学人文社会学部准教授　伊藤 静香

　これは，2013年のロンドン大学のカフェでの会話である。「日本の小学校の英語は教科ではなくて，高学年で週1回45分で英語力がつくの？」「それはmeaningless じゃない？」一緒にいたのはヨーロッパやアジアの国出身のクラスメイトで，小学校の低学年から週に数時間英語の授業が行われている国で英語教師をしていた。私は，「日本では，英語の音声に慣れて，コミュニケーションや異文化理解の態度を養うことを重要視しているの。」「日本の小学校英語は国際理解教育が原点だから，外国文化のトピックがとても多いの。」等と説明をした。すると何人かが頷き，こう言った。「私たちはあまり国際理解を考えて授業をしないわ。英語の授業なのだから，子どもが英語力を上げ，話せなければ意味がないでしょう？」「でも，さまざまな国がつながる時代で，英語教育における国際理解という概念は，単なる勉強の英語という枠を超えていて素晴らしいわ。」

　2020年より，日本では小学校3, 4年生から「外国語活動」が始まり，5, 6年生は「外国語」として英語が教科化された。指導方法はこれまでの「英語に慣れ親しむ」ことを軸とした活動から，コミュニケーションを前提とした4技能（聞く・話す・読む・書く）の育成に力点が移動した。国際理解教育の概念はトピックには部分的に反映されているものの，言語学習の要素が前面に出ている。しかしながら，初等教育段階においては，4技能の習熟に注力するあまり教科書の英文や会話文そのものを教え込むような形式的な指導の偏重とならぬように，英語学習の入門期に相応しいオーセンティックな（本物の，真正な）英語を基盤とした指導法を確立し，実践を進めていく必要がある。

　今，世界各国では知識・技能の習得を中心とした教育から，資質・能力の育成に重点を置くコンピテンシー・ベイスの教育改革が進められている。グローバル社会が進展し，異文化理解や多文化共生の概念が重要度を高めているなかで，国際理解教育を軸とした英語によるコミュニケーション能力に着目したかつての日本の小学校英語教育は "meaningless" とはいえないだろう。英語という教科がもつ本質は英語運用力の習得にあるが，同時に，英語の学習で学び得たものをどのように活用し，展望をもつことができるかが問われる時代でもある。日本の英語教育の起点である小学校英語教育の意義を慎重に考えていきたい。

第11章
地域社会と教育・保育支援

　子どもは家族のなかで育つと同時に，家の外に出て地域の風に吹かれ，遊び仲間をつくり，買い物をし，隣近所の住民とふれあっていく。身近にある自然に触れ，四季それぞれのたたずまいと楽しみ方を知る。一方で子どもは，地域から安全・安心な環境を提供され，生活上の問題について手当てされ，さまざまな教育的働きかけを受けている。また地域社会は子どもの育ちを支援すると同時に，子どもを地域の一員として一人前に育てあげて迎え入れる場でもある。

　このように見ていくと，地域社会は，子どもの成育環境のなかで大きな位置を占め，役割を担っている。

　しかし日本列島には実にさまざまな特徴をもった地域社会があり，さまざまな団体や組織，機関によって構成され，特徴ある仕組みや文化をもっている。教育・保育を学ぶ人は，子どもの成育環境には関心があっても，子どもが育つ地域社会についてはその多様性と複雑さゆえに，漠然としたとらえ方やイメージを抱くことにとどまりがちである。

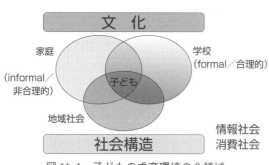

図 11-1　子どもの成育環境の 3 領域

　本章では，地域社会が子どもの育ちに具体的にどのように関わり働きかけているかをまず考えてみよう。子どもの成育環境を地域社会と家庭と学校の 3 領域とすると（図11-1），それらはどのよ

うに関わり，変化しているのか。そして地域社会と家庭・学校（園）がこれからどのように連携するべきなのか。子どもをケアし，子どもの育ちと学びを支援するという視点から展望してみよう。

① 子ども・家族と地域社会とのケアをとおした関わり

地域との関わりの度合いは個人差が大きいので，自分は地域との関わりが薄くて家庭と園・学校の間を往復して育ったと思う人もいるだろう。しかし，乳幼児の養育や高齢者の介護など，家族が「ケア」を担う局面においては，現代の家族は地域に開き，地域において提供される福祉や医療のサービスを受けることで生活を成り立たせている。[1]

たとえば乳幼児を養育するときには，保育所やデイケアセンター等の施設を利用したり，保育ママやヘルパー等のパーソナルなサービスを受けたりすることで，家族のニーズに応じた支援を得ている。そして，乳幼児を養育したり高齢者の介護にあたったりする家族は，えてして孤立して不安な状態に陥りがちである。しかし，地域からの支援をきっかけにして多様な人々と出会い交流し，活きた情報や助言を得たり共感的な関係を築いたりすることで，心と生活を安定させることができる。このように家族は，子育てや介護などの「ケア」をきっかけとして，プライバシーを重んじる閉じた集団から，地域へと開きつながる集団へと変化するといえよう。

一方，地域社会には，乳幼児とその親を支援する私的機関や公共機関，行政のネットワークが重層的に取り巻いていて，ファシリテーターの役をとる保健師や民生委員などが，親子をそのネットワークへと結びつけている。

さらに，自然災害に見舞われた場合には，とくに災害弱者である子どもや高齢者などを守るために地域のなかでつながり合い支え合っていくことで，地域社会は災害への耐性を高めている。

いずれにしても，家族は地域社会のさまざまな集団や組織と重層的な社会関係を結びながら子育てをしており，生活に必要なニーズを地域社会の資源によ

って満たしている。このような，子どもと家庭のニーズを地域資源に一元的に結ぶ働きをする「こども家庭センター」の設置が，2023年からこども家庭庁により進められている[2]。

❷ 子どもの成育環境としての地域社会とその変容

1. 地域社会における子どもの社会的発達

① 地域の人びととのふれあい〜斜め上からのかかわり

それでは，子どもの成長と発達にとって，地域社会にはどのような意味があるのだろうか。

血縁集団である家族と，地縁によって結びつく地域社会は，子どもの社会的発達にとって最も基礎的な集団である。とくに乳幼児や児童は，一定の地理的空間のなかで日常生活をおくり，偶発的もしくは機能的な対面的相互作用をくりかえし，さまざまな体験をかさねて育つ。子どもの発達は，周囲の人々からのさまざまな働きかけによって方向づけられている[3]。

ところで，地域住民の生活と条件は多様であり，それぞれに生活経験や生活様式，価値や規範，社会的な立場や階層を異にしている。地域の人々は子どもにとって他人であり，子どもと自由な関わりをもてる立場にある。一方に子どもや子育てに肯定的な態度をとる人もいれば，他方に拒否的，否定的な態度をとる人もいる。大人たちは，顔見知りとして「斜め上」の立場から子どもに関わり，ときには働く姿や生活を営む姿を見せることで，大人の世界を子どもに垣間見せ，世の中には異なる考え方やふるまい方があることを示すのである。

② 仲間集団における子どもの育ち〜対等なかかわり

子どもに対して地域の人々が自由に関わるように，同世代の子どもたちも互いに自由に関わる。地域の子どもたちはそれぞれ他人であり，異なる生活経験を重ね，異なる文化や価値観を家庭で身につけている。対面的な遊びをつうじて形成される地域の仲間集団は，同世代の他人同士が出会い，遊びの魅力によって結ばれる水平的な関係を結ぶ特徴があるので，互いにぶつかり合い，葛藤

するきっかけを多く含んでいる。

　住田は地域の仲間集団における子どもの社会的発達の特徴として，(1)他人性の存在と自己決定，(2)妥協と思考の客観性の2点を挙げている。[4] つまり，自律的で強いまとまりをもつ仲間集団のなかで，対立や葛藤を妥協により解決する体験を重ねることをとおして，子どもは家庭で身につけた自己中心性から脱却し，他の仲間の視点から自己を見ることができるようになるのである。

2. 子どもの地域生活と育ちをどうとらえるか

① 遊びの4要素の変化

　それでは，地域社会における子どもの育ちはどのように変化したのだろう。

　一般的には，日本の高度経済成長期以降の成育環境の変化により，世代が若くなるほど遊びや生活の経験が少なくなり，子どもの身体的・心理的能力の低下と活力の衰退をもたらしたといわれる。その背景としては，都市化や過疎化の進行，家族形態の変容，価値観やライフスタイルの多様化や私化，生活の情報化が進んだことにより，保護者の育児態度や地域社会等とのつながりが変化し，子どもに対する住民のまなざしが希薄になったことなどが指摘される。

　近年，子どもの育ちの変化に危機感を募らせて，その原因を成育環境の変容にもとめ，「地域の教育力の向上」(中央教育審議会，2015（平成27）年)[5] や「成育環境の改善」(日本学術会議，平成19〜令和2年)[6] を唱える提言が繰り返されている。すなわち，モータリゼーションの進展や，都市化による自然環境の喪失，高度情報社会化などの物質的・情報的な環境変化によって，子どもの成育環境が衰退し，子どもの成育が悪化する負の循環に陥っていることが指摘されている。

　子どもの遊びが成り立つ要素を，いわゆる三間（時間，仲間，空間）と遊び文化と考えると（図11-2)，これらの要素は高度経済成長期（1955〜1973年）に激変した。子どもの生活が多忙化する一方で電子メディアとの接触

図11-2　子どもの遊びの4要素

時間が極端に長くなり，遊ぶ空間は都市化と管理化がすすみ縮小した。さらに，仲間集団は小規模化と同質化がすすみ，他人と出会い，葛藤を経験し社会的発達を促す場という性質が乏しくなった。また，遊び文化は従来，子どもの仲間集団のなかで生まれ，変えられ伝えられてきたものだが，現代では大人がつくった既製の，多くの場合商品として購入し消費するものに置きかわっている。

② 地域社会の都市化と情報・消費社会化の進展

　子どもの地域生活をとりまく環境も大きく変化してきた。

　一方で，子どもの生活は都市部と農村部，中山間地や島嶼部など地域特性によって異なるものである。他方で，流通システムの発展，テレビやインターネットの進展に伴い，消費を中心とした都市的な景観と生活様式が全国に拡がり，地域の特性は薄まりつつある。それぞれの地域社会の実情をふまえて子どもの生活の実態を把握する必要があろう。

　さらに，令和に入ってからの子どもの生活は，新型コロナウイルス感染防止のために地域活動が著しく制約され，人々のつながりが分断されてしまった。一方，コロナ禍の間に，学校教育や就労環境だけではなく，子どもの日常生活においても IT 化が著しく進んだ。

　内閣府の「令和3年度青少年のインターネット利用環境実態調査結果概要版」によると，9歳までの低年齢の子どものインターネット利用率は令和元年度から3年度までに増加し，子どもの成育環境に一層浸透したことがわかる。

　電子的空間が地理的空間を代替していく可能性は，すでに1960年代より指摘されてきたが，[7] このような情報・消費環境の浸透により，現代の子どもは地域社会における人間関係と同様に，いや，それよりも一層密接な人との関係を情報機器をとおして結んでいるのかもしれない。

　はたして，子どもは場所感覚を伴わないバーチャルな遊びをとおして，親世代からの干渉を受けずにさまざまな人間関係を結んで仲間集団を形成し，また，新たな遊び文化を創り出していく「場」を，電子的空間の中にもつことができているのだろうか。

③ 地域社会における直接体験の重要性

このように，多様な地域における子どもの関わりにはさまざまな状況があり，それを一律にとらえるのはむずかしい。しかし消費化と情報化が進んでも，自然体験など直接的な生活体験が子どもの成育にとって大きな意味をもつことは，これまでの研究が示すところである。[8]

たとえば，自然体験などの生活体験はこの20年間ほど減少傾向にあるが，子どもの人との関わりや地域行事への参加率には変化が見られない。また，自然体験や生活体験，文化芸術体験が豊富な子どもやお手伝いをする子どもは，自己肯定感が高く，自立的行動習慣や探究力が身についている傾向がある（図11-3）。また，就学前に外遊びを好む子どもほど探究力が高い傾向がある。[9]

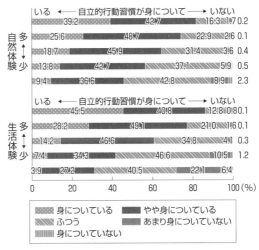

図11-3　自然体験・生活体験と自立的行動習慣
（出所）内閣府『子供・若者白書（令和4年版）』p.20。

④ 子どもの生活体験・自然体験に格差をもたらすもの

ただし，保護者の遊びの経験や子育ての態度が子どもの自然体験や生活体験を左右することが，同じ調査により示唆されている。つまり，保護者の自然体験が豊富なほど，子どもの生活体験，自然体験，お手伝いの体験が豊富になる傾向が見られ，就学後の児童の探究力の向上にもつながるという。また，保護者が外遊びを子どもに奨励することは，就学前後の子どもの外遊びを促し，就学後の児童の探究力の向上にもつながるという。

以前は地域社会が提供してきた直接的で多様な体験と学びの機会が，現代で

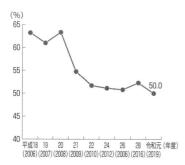

(%)

図 11-4　学校以外の団体などが行
　　　　う自然体験活動への参加
　　　　率（小学生）

(出所) 図 11-3 に同じ。

は行政や民間団体などによる公的・準公的な子育て支援の施策と，対価をともなうビジネスとしての体験プログラムの提供によって代替されている。しかしながら，学校以外の団体が行う自然体験活動に小学生が参加する率は 2006 年から低下し 2019 年は 50％程度にとどまっている（図 11-4）。

　一方，生活体験や自然体験をとおした学習の機会が子どもの発達にとって重要であるという認識は，教育熱心な保護者には広まっている。そのため，経済的に余力のある家庭では，習いごとやさまざまな体験活動プログラムに対価を支払って子どもを参加させる。世帯年収によって子どもが自然体験活動を行う機会や内容に相違が生じていることが調査により示唆されており，学校以外の自然活動への参加率の低さと相まって，保護者の学歴や経済状況による格差が子どもの体験格差につながることが指摘されている。

⑤「地域社会の教育力」を高める意味

　しかし家庭の経済状況がどうであれ，子どもが小学生のときの体験活動などは，その後の成長に肯定的な影響をおよぼす。[10] 収入の水準が相対的に低い家庭の子どもに関してこそ自然体験の影響は大きいと考えられる結果も得られている。すなわち，自然体験の機会に恵まれない子どもたちに，地域社会が体験の機会を提供することが重要であり，効果的であるということが示唆されている。

　「地域社会の教育力」の再生が地域の教育課題とされる理由がここにある。

　つまり自然体験や生活体験が少ない保護者にその重要性を知らせ，子育てにおける体験への態度を変えるとともに，地域社会のなかにそのような体験ができる環境を組織的につくり，さまざまな仕掛けを企画して利用を促進する，という取り組みが求められる。

　また，子どもの成育環境として地域社会を安全で安心して暮らせる場所にし

ようということは，地域の結びつきが希薄になった現状においてこそ，子育て世代の保護者のみならず，地域住民全体の暮らしにも関わる生活課題である。

　その際，子どもの動静を情報機器や監視カメラによりモニターすることで，個別に保安サービスと連携したりして子どもの安全を保つことはできよう。しかし，子どもの生活空間を点ではなく面としてとらえ安全を確保するためには，保護者組織も交えた地域住民の見守りや安全活動が求められる。また，子ども食堂のように地域住民が子どもをケアしたり，子どもの居場所をつくり育ちを見守ったりすることも，広い意味で地域社会の教育力の再生ととらえることができよう。また，人々が相互につながり支え合うことで，災害への備えを充実することもできる。

❸ 地域社会をどのように結びなおすのか

1. 地域社会を教育的に再編すべきか

　さて，ここで改めて地域社会と教育の関わりを考えてみよう。「子育ては地域社会全体の問題」だとして地域の教育力の再生を唱えるにしても，「家庭・学校・地域社会の連携」をうたうにしても，地域社会の範囲はあいまいでその内容も情緒的にとらえられがちである。このあいまいさは，地域社会そのものの多様さや複雑さとともに，教育にかかわる規範的な理念や価値的な視点をもって地域社会をとらえることに由来する。

　本章ではここまで，教育の文脈のなかで地域社会を考えてきたが，多様な人間との相互作用によって子どもがさまざまな能力や態度を習得していけるように，大人や異年齢の友人と交流しさまざまな体験を重ねられる「場」として地域社会が教育とケアの役割を果たすことへの期待を込めてきた。もっと卑近な言い方をすれば，学校教育と家庭教育を支える資源を提供する場（応援団！）としての期待を，地域社会という言葉に込めてきた。

　また，地域を実態としてというよりも，住民間のコミュニケーションの総体としてとらえようという考え方があるが，これも現状にそぐわない点がある。

なぜなら，高度経済成長期に都市化が急速に進んだあとでは，「地域社会は住民が自治的に形成するつながりを基盤として構成されるべきである」とか，「地域住民同士がわれわれ感情（共属感情）や共同規範を共有しているべきである」という前提は成り立ちにくくなっているからである。

その意味では，地域社会において住民間のコミュニケーションや相互扶助のネットワークが「自然に」園や学校の外に成立しているわけではない。いかにして地域のつながりを創り出し，園や学校が連携できる地域社会にするかを考える必要がある。

2. 子どもの教育を担うのは学校か地域社会か

そもそも地域社会は，教育の文脈以前に，地域住民の生存をかけた生活と生業の場であって，「基礎自治体の範域を最大の空間範域とし，その空間の内に居住することを契機に発生する種々の共同問題を処理するシステムを主要な構成要素として成立する社会である」[11]。

しかも，現実の地域社会では，住民間の権力関係や価値観の相違，市場原理にまつわる矛盾などが複雑に絡み合っている。そのなかで地域課題の処理や改革を志向する学習と教育の活動を企てることは，「子どものため」や「地域社会との連携」という理念を標榜したとしても，自ずから政治性を帯びる。

また，明治以降，学校区は地域社会を運営する重要な行政単位であり，中学校区（連合自治会）や小学校区，単位自治会・町内会といった地域空間において，学校はこれまで地域社会の重要な機関であった。青少年の健全育成や児童・生徒の安全確保の問題はこの空間で対処されてきたし，学齢期の子どもがいない世帯にとっても，子どもの健全育成や安全教育は，地域の安全・防犯・防災対策につながるものとして，地域で共有すべき課題であった。

これまで家庭や地域社会は，子どもの教育にかかわる課題の多くについては，学校に対処機能を集中させることで，教育課題の解消を図ってきた。しかし，今般の教員の働き方改革にともない，学校に集中した機能を整理して地域社会や保護者に戻そうとする方針が中央教育審議会により 2019（平成 31）年に示さ

基本的には学校以外が担うべき業務	学校の業務だが，必ずしも教師が担う必要のない業務	教師の業務だが，負担軽減が可能な業務
①登下校に関する対応	⑤調査・統計等への回答等（事務職員）	⑨給食時の対応（学級担任と栄養教諭等との連携等）
②放課後から夜間などにおける見回り，児童生徒が補導された時の対応	⑥児童生徒の休み時間における対応（輪番，地域ボランティア等）	⑩授業準備（補助的業務へのサポートスタッフの参画等）
③学校徴収金の徴収・管理	⑦校内清掃（輪番，地域ボランティア等）	⑪学習評価や成績処理（補助的業務へのサポートスタッフの参画等）
④地域ボランティアとの連絡調整	⑧部活動（部活動指導員等）	⑫学校行事の準備・運営（事務職員等との連携，一部外部委託等）
※その業務内容に応じて，地方公共団体や教育委員会，保護者，地域学校協働活動推進員や地域ボランティア等が担うべき。	※部活動の設置・運営は法令上の義務ではないが，ほとんどの中学・高校で設置。多くの教師が顧問を担わざるを得ない実地。	⑬進路指導（事務職員や外部人材との連携・協力等）
		⑭支援が必要な児童生徒・家庭への対応（専門スタッフとの連携・協力等）

図 11-5　学校および教師が担う業務の明確化・適正化

（出所）文部科学省「学校における働き方改革の取り組み状況について」2019 年

れた[12]。部活動の指導を地域の部活動指導員に委ねようという動きもそのひとつである。

　具体的には，学校や地域で発生する教育に関わる業務について教育委員会が仕分けを実施して，他の主体に対応を要請したり，学校が保護者や地域住民と教育目標を共有し，理解・協力を得ながら学校運営を行える体制を構築しようとしている。また，学校の伝統として続いているが，必ずしも適切といえない，または本来は家庭や地域社会が担うべき業務を，学校長は自らの権限と責任で大胆に削減する，としている（図 11-5 の左欄に例示）。

　教育に関わる機能を家庭と地域に戻すというが，安全・安心な成育環境の創造と子どもの育ち・子育てへの支援を，全住民に関わる公益的なニーズとしてとらえることが果たしてできるのだろうか。それを担保するのは地域住民の責務か，保護者か，行政かという問題が，地域社会の課題としてクローズアップされている。

たとえば，前節で述べたように，子どもの自然体験や生活体験などの人間形成作用は大きいため，文部科学省は子どもたちが多様な「体験」にチャレンジできる場や機会を，周囲の大人が「意図的」「計画的」に設け，家庭と地域・学校が連携しながら「多様な体験を土台とした子どもの成長を支える環境づくり」を進めようと呼びかけている。この要請を地域社会はどう担えるのだろう。

3.　子どもの成長を学校と地域社会が協働して保障する仕組み

　このように学校教育が担う役割の線引きを明確にするとともに，学校を核として地域社会を再編しようという動きがある。それが学校運営協議会制度と地域学校協働活動である。

　さまざまな立場や利害を背負った地域の人々がつながり，地域と学校が協働するために共有できる目的が「子どもの教育」という旗印だと 2015（平成 27）年の中教審答申は述べている。そのために学校教育については，「地域とともにある学校」という標語をかかげ，子どもも大人も学び合い育ち合う教育体制の構築や，学校を核とした地域づくりを推進するとともに，「社会に開かれた教育課程」を実現する学習指導要領が告示された。

　さらに，コミュニティ・スクール（学校運営協議会を設置した学校）をすべての公立学校に設置することが 2017（平成 29）年に努力義務化された。コミュニティ・スクールは保護者・地域住民が学校運営に参加する仕組みとして 2004（平成 16）年に法制化された（地方教育行政の組織及び運営に関する法律第 47 条）もので，主に次の 3 つの機能を担う合議制の機関である。①校長が作成する学校運営の基本方針を承認する，②学校運営について，教育委員会または校長に意見を述べることができる。③教職員の任用に関して，教育委員会に意見を述べることができる。このコミュニティ・スクールの仕組みを導入した公立学校は増加し，2023（令和 5）年には 18,135 校と 52.3 ％にのぼっている[13]。

　また，地域社会が学校のパートナーとなり，地域住民などが学校と協働して「地域学校協働活動」（社会教育法第 5 条）を担う体制をつくることになった。これは地域学校協働本部といって，幅広い層の地域住民・団体などが参画し，地

域と学校が目標を共有しながら「緩やかなネットワーク」を形成するもので，①コーディネート機能を強化すること，②より幅広い層の活動する地域住民が参画することで多様な活動を展開し，③持続的な活動を行うこと，の3要素を実現することが必須とされている。この地域学校協働本部は早期に全小・中学校区をカバーして構築することを目指していて，2023（令和5）年には公立学校の約61％をカバーしている。しかしながら，学校は一校一校がそれぞれの歴史のなかで，地域社会と結んで学校を運営してきた経緯や習わしがあるので，各学校ごとに地域学校協働本部がないと，実質的な地域との連携はむずかしいと思われる。

　また，このような構想が画餅に終わらないためにとくに重要なのは，学校教育と地域住民の橋わたしをするコーディネーターの働きと養成および任用である。コーディネーターは地域学校協働活動推進員と呼ばれ，地域住民等をよく知り，学校関係者とも円滑にコミュニケーションがとれる人で，地域と学校との間を調整して双方の協働関係をつくるキーパーソンである。主な役割は，地域と学校との連絡調整のほかに，情報の共有／地域学校協働活動の企画，調整，運営／地域住民への呼びかけを行うことである。[14]

　2015（平成27）年の中教審答申では，コーディネーターについて，地域住民や学校との連絡調整を行うとともに，地域学校協働活動の内容の充実をはかり，家庭教育支援の充実や安心して子育てできる環境の整備や福祉等との連携を推進することを役割として挙げている。家庭教育への支援は，社会的格差の拡大や「子どもの貧困」が問題となる昨今，福祉に関わるケアの視点から学校教育と家庭の双方の機微に触れる，地域社会の大変重要な役割に関わるものである。果たしてこのような働きを担える地域住民が各学校区にいるのであろうか。

❹ 学びの主体としての子ども，権利保障の場としての地域社会

　これまで子どもをケアされ教育される受け身の存在として考えをすすめてきたが，子どもには学びの主体として自ら環境にかかわり，探索し，課題を見い

だして解決しようとする能動的な面と，それによって自分自身のあり方を変えていく可塑性をそなえた学びの主体という面がある。

　第1節で述べたように，地域の仲間集団や近隣の人々との関わりを通して，子どもは自己中心性を脱却して新たなものの見方や振るまい方を身につけ，社会的に発達していく。また地域社会との関わりにおいても，子どもは単に地域の生活文化や伝統文化などを習得し環境に適応するだけではなく，主体的に地域に関わり，地域社会に参画し，地域文化を生み出し，地域社会を変えていこうとする存在でもある。意図的にせよ偶発的にせよ，地域社会において子どもたちに学習機会を提供する場合に，子どもを学びと権利の主体とすることを基本的な視点としたい。

　たとえば大人の仕事や地域行事の手伝いをつうじて，子どもは日常生活の中で，体験的でインフォーマルな学びを重ねる。この過程を「正統的周辺参加」という。一般の社会集団においても，新参者は周辺的な仕事や役割を担いながら現場に関わり，将来は構成員としての役割を担うことにつながることを予想しつつ，具体的な参加体験を重ねる。ここには，体験をとおして直観的にものごとを把握することから，省察的に観察し抽象的な概念にあわせて事態を理解し，能動的に対処を試みるという経験学習の過程がある。

　じつは子どもも大人も地域生活のなかで，このような経験学習の過程を日常的に体験している。その内容は職業に関わる学びもあれば，個人の趣味や教養，地域の生活課題などの学びもある。また，変化の激しい現代社会に適応するための学びもあれば，生活課題の解決のために今の社会を変革しようとする学びもある。子どもも大人も学ぶ社会を，生涯学習社会という。

　この視点からみると地域社会は，子どもを主体とした学習活動が展開する場であり，子どもや若者が共同的関係に支えられて学び成長する場である。それとともに，大人たちもさまざまな活動を通じて学びを深め，共同性を構築していく場でもある。地域の課題を解決するために人々が共同で取り組む学習活動を通じて地域の生活文化も刷新され，新たな関係性が構築される。これは，SDGs や ESD（持続可能な開発のための教育）の視点からも，また，「OECD

Education 2030 プロジェクト」においても, ほぼ近似した子ども観と地域社会観をみることができる。[18)]

　子どもの権利条約を基軸に考えると, すべての子どもたちには学ぶ権利があり, あらゆる差別なく公平に教育を受ける権利がある。外国籍の子どもたちを含め, 地域に住むすべての子どもたちの学ぶ権利を保障することで, 子どもたちを日本社会の一員として包摂していく責務が地域社会にはある。これは2016 (平成28) 年に施行された教育機会確保法の精神を実現することにつながるであろう。

【夏秋英房】

1　この20年ほどの間に, 子どもの成育環境としての地域社会はどのように変化しただろうか。身近な地域についてデータを探し考えてみよう。
2　情報・消費社会における子どもの成育について, あなた自身や周囲の子どもの遊びの4要素を考えながら, 地域社会との関わりについて調べてみよう。
3　身近な地域社会において, 学校と地域社会が連携・協働する活動はどのように行われているだろうか。調べてみよう。

注
1) ベネッセ教育総合研究所,「幼児の生活アンケート」2022年, 同「子どもの生活と学びに関する親子調査」2022年
2) こども家庭庁「こども家庭センターについて」2023年 (https://www.mhlw.go.jp/content/11907000/001127396.pdf　2024年1月10日最終閲覧)
3) 住田正樹『子どもと地域社会』学文社, 2010年
4) 住田正樹『地域社会と教育～子どもの発達と地域社会～』九州大学出版会, 2001年
5) 中央教育審議会「新しい時代の教育や地方創生の実現に向けた学校と地域の連携・協働の在り方と今後の推進方策について (答申)」2015 (平成27) 年

6）日本学術会議「我が国の子どもを元気にする環境づくりのための国家的戦略の確立に向けて」2007（平成 19）年。これにつづく 2008 年，2011 年，2013 年，2020 年の提言書を参照。

7）吉見俊哉『メディア文化論（改訂場）』有斐閣アルマ，2012 年

8）国立青少年教育振興機構「子供の頃の体験がはぐくむ力とその成果に関する調査研究」2018 年

9）国立青少年教育振興機構「青少年の体験活動等に関する意識調査（令和元年度調査）～心身の諸側面，社会経済的背景との関係～」2021 年

10）文部科学省「青少年の体験活動の推進に関する調査研究報告書」2021 年

11）森岡清志『地域の社会学』有斐閣アルマ，2008 年

12）中央教育審議会「新しい時代の教育に向けた持続可能な学校指導・運営体制の構築のための学校における働き方改革に関する総合的な方策について（答申）」2019 年

13）文部科学省「令和 5 年度コミュニティ・スクール及び地域学校協働活動実施状況調査（概要）」（https://manabi-mirai.mext.go.jp/document/chosa/2023.html　2024 年 1 月 10 日最終閲覧）

14）玉井康之・夏秋英房『地域コミュニティと教育』放送大学教育振興会，2018 年

15）可塑性とは，神経活動に応じて神経回路の構造や機能が変化する性質で，この性質によって脳は経験を記憶したり，経験をもとに学習したりすると考えられている（理化学研究所脳科学総合研究センター編『つながる脳科学』講談社ブルーバックス，2016 年，p.165）。

16）日本教育社会学会編『教育社会学事典』丸善出版，2018 年，p.503

17）萩原元昭編『世界の ESD と乳幼児期からの参画』北大路書房，2020 年

18）白井俊『OECD Education 2030 プロジェクトが描く教育の未来』ミネルヴァ書房，2020 年

column

部活動の地域移行…未来の「ブカツ」

元 千葉県立高等学校校長　髙野 だいわ

「中学校では部活動がんばります！」─これは多くの小学6年生が卒業を前に在校生へ送るメッセージであり，未来の中学校生活に向けての意気込みです。他方，近年，少子化による部員・教員数の減少，学校の統廃合，活動ニーズの多様化，施設・設備や教員の勤務時間の問題などから，学校だけでは安定した部活動の維持発展を支えきれない現実に直面するようになってきました。

2022（令和4）年のスポーツ庁・文化庁からのガイドラインでは，公立中学校の休日の部活動は，翌年度からの3年間を改革推進期間として地域移行に段階的に取り組み，可能な限り早期に実現を目指すとされました。

この地域移行に当たり，形態を大別すると，市区町村が新たに団体を設置して参加する形態，市町村が関係する団体と連携し参加する形態，既存の団体に参加する形態，地域団体が新組織を創設し参加する形態等があるようです。

佐藤晴雄（2023）はその効果として，活動の選択肢拡大や生徒の社会性育成，地域の指導者の掘り起こし，新たな団体の形成，専門性育成と技術の向上，教員が職務に集中できる環境の整備などを挙げています。他方，課題として，指導者・活動団体の安定的確保，指導者・部員・顧問三者の人間関係等の齟齬，指導や移動上の安全の確保，活動に伴う謝金や交通費などの経済的負担，教育委員会などが行う契約等に伴う新たな事務作業増，などを指摘しています。

学校として，どうするべきでしょうか。①全職員が，部活動のあり方・教職員の働き方改革の基本を理解する，②生徒の個性を生かし，職務のスリム化・職員のやりがい感増大のチャンスととらえる，③学校と地域の協働・融合（開かれた学校）の絶好の機会ととらえる，④部活動の思い切った絞り込みに取り組む機会とする，⑤他人任せ・様子見・横並び一線でなく，何ができ，どう工夫するかを具体化する，⑥先行実施の活動事例を研究する，⑦顧問の兼職兼業・部活動指導員制度・学生コーチを積極的に活用する，⑧公的財政支援を含め，保護者負担の軽減を図る等の取り組みが必要だと考えられます。

地域に根差した未来の「ブカツ」が求められています。

【引用文献】　佐藤晴雄「部活動の地域移行とは？進む背景や，メリットとデメリットを紹介」寺子屋朝日 2023.06.01Web.

第12章
生涯学習社会と教育

① 国際機関と生涯学習

1. ユネスコの生涯教育論

　生涯教育の概念を提示した国際機関の一つに，ユネスコ（国際連合教育科学文化機関，United Nations Educational, Scientific and Cultural Organization：UNESCO）がある。そのユネスコは，1965年にパリで開催したユネスコ国際成人推進委員会において，当時ユネスコの成人教育課長であったポール・ラングラン（Paul Lengrand, 1910-2003）が生涯にわたる学習機会の整備・統合の必要性をワーキングペーパーとして提示した。その場で示されたフランス語の「永続教育」(l'education permanente) の用語は，英語表記では「生涯にわたり統合された教育」や「生涯教育」(life-long integrated education や life-long education) と表記され，日本では「生涯教育」と訳されることとなった[1]。

　ユネスコはその後，教育開発国際委員会 (International Commission on the Development of Education) が『ラーニング・トゥ・ビ (*Learning to Be*)』を刊行している。ラーニング・トゥ・ビとは，人間としてあるための学習とか，存在するための学習といった意味と解釈される。即ち，従来の学習はラーニング・トゥ・ハブ (Learning to have) であり，知識を単に身につけるためとか知識を所有するための学習であった。しかし，学びとは本来人間として存在するため，人間としてあるための学びであることを示唆している。さらに当報告書は，科学・技術の急速な進展や社会変化の加速化のなかで，人生初期の教育が生涯にわたり活用しうることはもはや保障されなくなっていること。学校教育終了後におい

ても職場や，余暇，メディアなどのあらゆる機会や手段を活用しながら知識を獲得することが必要となることを述べている。また学習者が主体的に学習することを可能とし，社会全体が教育・学習に関わる「学習社会」(learning society)の構築が必要であり，「生涯教育」はこの学習社会を構築するための教育政策のよって立つ布石であり，先進国においても開発途上国においても重要な教育政策のマスター・コンセプトであることを提言した。

　この報告書は，委員会の委員長がエドガー・フォール (Edgar Faure, 1908-1988) であったことから，委員長名をとって，「フォール報告書」とも呼ばれている。日本では，国立教育研究所 (当時) にフォール報告書検討委員会が設置され，『未来の学習』という日本語タイトルで，1975 年に翻訳・刊行された。

　ユネスコは重ねてその後も生涯教育に関する報告書を刊行している。国連の下部組織であるユネスコには，先進国も発展途上国も加盟国として参加している。ユネスコの提言は，いかなる社会状況においても「生涯教育」が各国の教育政策上，極めて重要な理念・考え方であることを示している。その点がユネスコの生涯教育論の特徴であり，意義があるといえよう。

2. OECD と生涯教育

　生涯教育や生涯学習に関する提言を行う国際機関として，前掲のユネスコとともに着目されるのが OECD (Organization for Economic Co-operation and Development：経済協力開発機構) である。OECD は，1961 年に発足した先進国の国際機関であり，先進国間の自由な意見交換・情報交換を通じて，1) 経済成長，2) 貿易自由化，3) 途上国支援 (これを「OECD の三大目的」という) への貢献を目的としており，日本を含む 38 か国 (2023 年現在) が加盟国として参加している。

　OECD は生涯教育に関連して 1973 年に『リカレント教育—生涯教育への一戦略—』を刊行した。リカレント教育とは，「すべての人に対する，義務教育または基礎教育終了後の教育に関する総合的戦略であり，その本質的特徴は，個人の生涯にわたって教育を交互に行うというやり方，すなわち他の諸活動と交互に，とくに労働と，しかしまたレジャーおよび隠退生活とも交互に教育を

行うことにある。」と定義される概念である。

　報告書では，青少年期という人生の初期にのみ集中していた教育政策を個人の全生涯にわたって労働，余暇，その他の活動と交互に行うこととする。この教育改革を「血液が人体を循環するように，個人の全生涯にわたって循環させよう」と表現している。即ち，教育を人生の初期の段階に行い，その後労働に着手し，引退後は家で老後を過ごすといったライフスタイルではなく，労働，余暇，その他の生活においても学習を生涯にわたって交互に行い，またそれを可能とする仕組みを社会全体で作り上げる必要を示唆している。OECD の提言は，社会人が生涯にわたって労働の合間に，あるいは一時的に職場から離れて，さらには退職後であっても自由に正規の学校に戻れる弾力的な教育システムの構築を求める提言でもある。

　リカレント教育の考え方は，日本においても紹介された。平成 4 年の生涯学習審議会答申においては，当面取り上げる 4 つの課題の一つとして「社会人を対象としたリカレント教育の推進」も挙げられている。現代においてもリカレント教育の重要性と必要性はさらに高まりを見せているといえよう。2022 年10 月に岸田首相は「成長分野に移動するための学び直し」支援のための予算を 5 年間で 1 兆円に拡充する方針を示している。それらの政策をより実現可能なものとするためには，有給教育休暇制度を導入する企業を増やし，その制度運用の促進を図るなどさらにさまざまな改革を行うことが必要になると考えられる。

② 日本の生涯教育・学習に関する国の答申と行政組織の改編

　日本では冒頭で述べた国際機関の提示した生涯教育の概念の提示を受けて，その後，数々の国の答申が生涯教育や生涯学習に関して重ねて出されてきた。以下では生涯教育がはじめて国の答申に取り上げられた 1970 年代～1980 年代のいくつかの答申を紹介することにしよう。

　日本において，はじめて国の答申で取り上げたのは，1971 年に国の社会教育審議会答申「急激な社会構造の変化に対処する社会教育のあり方について」

である。そこでは、「生涯教育の必要は、現代のごとく変動の激しい社会では、いかに高度な学校教育を受けた人であっても、次々に新しく出現する知識や技術を生涯学習しなくてはならないという事実から、直接には意識されたのであるが、生涯教育という考え方はこのように生涯にわたる学習の継続を要求するだけでなく、家庭教育、学校教育、社会教育の三者を有機的に統合することを要求している。」日本の教育システムも家庭教育、学校教育、社会教育を生涯教育の観点から有機的に統合することの重要性を述べているという点は、非常に意義深い指摘である。

その後、国の答申としては、1981年に中央教育審議会（以下、中教審）が「生涯教育について」と題する答申を行った。以下、答申内容の一部を引用することにしよう。

「今日、変化の激しい社会にあって、人々は、自己の充実・啓発や生活の向上のため、適切かつ豊かな学習の機会を求めている。これらの学習は、各人が自発的意思に基づいて行うことを基本とするものであり、必要に応じ、自己に適した手段・方法は、これを自ら選んで、生涯を通じて行うものである。この意味では、これを生涯学習と呼ぶのがふさわしい。」「この生涯学習のために、自ら学習する意欲と能力を養い、社会の様々な教育機能を相互の関連性を考慮しつつ総合的に整備・充実しようとするのが生涯教育の考え方である。言い換えれば、生涯教育とは、国民の一人一人が充実した人生を送ることを目指して生涯にわたって行う学習を助けるために、教育制度全体がその上に打ち立てられるべき基本的な理念である。」とした。このように1981年の中教審答申では、「生涯学習」と「生涯教育」の概念を区別して用いている。

即ち、生涯学習とは学習者を主体とする用語であり、各自の自発性に基づき、自己に適した手段・方法で生涯を通じて行う学習とした。他方生涯教育とは、国民一人一人の生涯学習を支援するために教育制度全体がその上に打ち立てられるべき理念と明示した。その後、臨時教育審議会（第1次〜第4次答申）や中教審は重ねて日本における生涯学習社会の構築の必要性と、それを実現するためのさまざまな基盤整備等の改革の必要性を述べている。近年の中央教育

審議会答申（2018）としては，「人口減少時代の新しい地域づくりに向けた社会教育の振興方策について」（中教審答申第212号）が挙げられる。この答申では社会教育を基盤とした地域の人づくり，つながりづくり，地域づくりの推進の重要性を提示している。

　国の行政組織も，2000年以降に大きく変化を遂げた。2001年の中央省庁の再編に伴い，それまでの文部省と科学技術庁が統合されて文部科学省が新たに設置された。旧文部省では社会教育局がそれまで生涯教育・学習関連事業を所管した。省庁再編後は，生涯教育・生涯学習の担当所管は文部科学省内に新たに設置された生涯学習政策局が所管となり，同時に文部科学省内の筆頭局に位置づけられた。その後，生涯学習政策局は2018年に「学校教育と社会教育を通じた包括的で一貫した教育政策をより強力かつ効果的に推進し，文部科学省の先頭に立って，誰もが必要なときに必要な教育を受け，また学習を行い，充実した生涯を送ることができる環境の実現を目指す」（文部科学省，2018）との目的を掲げ，総合教育政策局として改組されている。以上のように日本は国の答申が重ねて生涯教育・生涯学習の推進を求めてきたこと，合わせて教育行政組織もそれとともに改組を行ってきた。そうした変化や経緯を見ると，生涯学習の推進は日本の重要な教育政策としてますます，中核的な位置づけがなされてきたことが明らかとなる。

❸ 生涯学習に関する日本の法律

　生涯学習に関する日本の法律をみると，まず1990年に「生涯学習の振興のための施策の推進体制等の整備に関する法律」といういわゆる，「生涯学習振興法」と通称される法律が挙げられる。この法律は「生涯学習の振興に資するための都道府県の事業に関しその推進体制の整備その他の必要な事項を定め，及び特定の地区において生涯学習に係る機会の総合的な提供を促進するための措置について定める」とともに，「都道府県生涯学習審議会の事務について定める等の措置を講ずることにより，生涯学習の振興のための施策の推進体制及

び地域における生涯学習に係る機会の整備を図り，もって生涯学習の振興に寄与すること」を目的とする法律である。即ち，この法的の制定によって生涯学習の推進は，国や地方公共団体の責務として明記された。

　生涯学習に関する法律には教育基本法も挙げられる。教育基本法は 2006 年 12 月の改正によって，第 3 条に「生涯学習の理念」と題する新たな条文を追加した。第 3 条は「国民一人一人が，自己の人格を磨き，豊かな人生を送ることができるよう，その生涯にわたって，あらゆる機会に，あらゆる場所において学習することができ，その成果を適切に生かすことのできる社会の実現が図られなければならない。」としている。

　このように日本は生涯学習に関する法律が 1990 年に制定され，教育基本法にも生涯教育が明記されるなど法的整備が進められている。学習者の自発性・自主性を尊重しつつ，あらゆる機会，あらゆる場所で学習することができ，その成果を適切に生かすことのできる社会の実現は，まさに学習社会の構築と考えられる。日本の教育の目指す方向がそれらの法律にもあらわれている。

④ 日本における生涯学習を推進する社会的背景

　1970 年代から日本は継続して，教育に関する答申が生涯学習に関連して提示されており，教育行政組織を改め，法整備も行い生涯学習の推進に取り組んできた。ではなぜ，そのように国の政策として生涯学習を推進する必要があるのだろうか。ここではその社会的背景であり，かつ日本が生涯学習を推進する要因とも言える状況について，いくつかのデータを用いながら検討を行う。

　第一に日本の生涯学習の推進は，日本人の意識・価値観の変化が挙げられる。図 12-1 は内閣府の「国民生活に関する世論調査」において今後の生活において重要となるのは心の豊かさか，物の豊かさかを問うた経年変化を示したものである[2]。2012 年の調査結果によると「物質的にある程度豊かになったので，これからは心の豊かさやゆとりのある生活をすることに重きをおきたい」と答えた者の割合は 64.0％と過去最高となり「まだまだ物質的な面で生活を豊かに

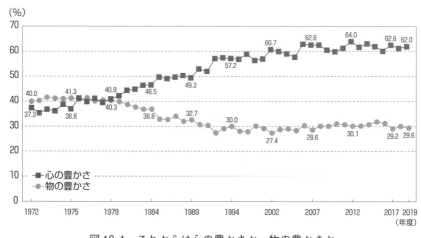

図 12-1　これからは心の豊かさか，物の豊かさか

（出所）内閣府『国民生活に関する世論調査』各年より

することに重きをおきたい」と答えた者の割合の 30.1％を大きく上回った。

　本調査は，1972 年より毎年実施されてきた。日本人は 1980 年頃までは物の豊かさをより大切と考える者が多いか，あるいは心の豊かさを大切と考える者の割合とほぼ拮抗する割合を占めていた。その後，高度経済成長期を終えて 1980 年以降の日本人の価値観は，物の豊かさよりも心の豊かさをより大切と考える者が多くなっている。こうした日本人の意識・価値観の変化は日本の一つの社会的背景であり，同時に生涯学習を推進する重要な要因の一つといえよう。

　第二の社会的背景には，日本の人口動態の変化が挙げられる。日本は急激に高齢化の進展した国であり，また世界一の長寿国である。2022 年の日本人の平均寿命は，女性が 87.09 歳，男性が 81.05 歳でともに高く，世界でも代表的な長寿国である[3]。日本の総人口に占める 65 歳以上の割合は，2015 年現在，26.8％にのぼっている。今後その割合は人口推計によればさらに増加の一途を辿ることが予想されており，2060 年には総人口に占める 65 歳以上の人口の割合は 40％にのぼる[4]。60 歳で定年退職を迎えた後も，平均寿命でみても 20 年

以上の老後がある。その長い期間をいかに元気で生きがいのある人生を歩むか，そのための条件整備が問われている。世界一の長寿高齢社会である日本が，退職後も生き生きとした人生を送ることのできるようさまざまな学習機会の提供を含む生涯学習の推進を図る必要性が高くなる。

　さらに少子化の傾向も生涯学習の推進の一要因となっている。子どものいる世帯あたりの子ども数の多い時代は，当然ながら子育てにかかる期間も長くなる。子どものいる世帯あたりの子ども数が少なくなれば，子育てにかかる期間は短くなり，保護者の子育て後の自由時間は増大する。これは子育て後の時間を自らのキャリアアップのための学習や，趣味・教養の向上，スポーツなどに取り組む成人の割合を増加させることを意味している。厚生労働省の「人口動態統計」によれば，2020 年度の日本の出生数は過去最低であった。[5] 以上のような日本の人口動態の変化は，高齢化，少子化ともに生涯学習を推進する要因の一つになっていると考えられる。

　第三に高学歴化の進展が挙げられる。成人教育学の知見において学校教育の就学年数が長い程，人はその後の人生においてより学習の継続を希望する傾向が強く，実際に学習活動に取り組む者の割合も高いという関連が示されている。

　文部科学省の行った 2022 年度の学校基本調査によれば，[6] 日本は現在，大学・短期大学進学率は 60.4% を占めており，専門学校や専門学校進学者を含めると 83.8% にのぼる。この高い高等教育機関への進学率は，卒業後もさらに学習を継続したい希望者や学習活動を実際に継続する者が増加することを意味している。高学歴化の進展は日本の生涯学習を推進する社会的背景であり，重要な要因でもある。

　生涯学習の推進を図る社会的背景・要因は，上記の 3 つの側面以外にもある。たとえば国民の自由時間の増大，所得水準の向上，Society 5.0 といった高度情報社会への対応，さらにはリスキリングやアップスキリングを目的とする学び直しによる高度情報社会に対応できる人材養成の必要性の高まりなどさまざまな社会的背景が関連している。国はそうした変化に対応するため，生涯学習の推進を一つの重要政策として進めてきたと考えられる。

⑤ 日本人の生涯学習の実態と学習の阻害要因

1. 生涯学習の実態

　日本人は実際にどのような生涯学習活動に取り組んでいるのだろうか。本節と次節では内閣府が実施する「生涯学習に関する世論調査」の結果をもとに，

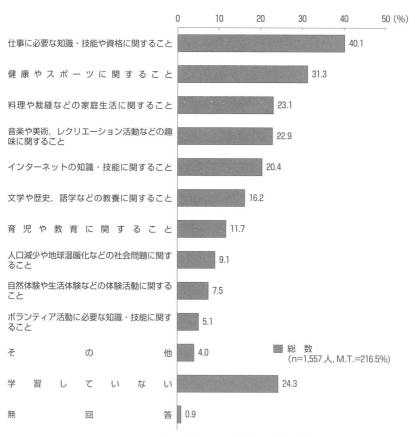

図 12-2　ここ 1 年間の生涯学習の実施状況

（出所）内閣府「生涯学習に関する世論調査」2022 年，p.1（https://survey.gov-online.go.jp/r04/r04-gakushu/gairyaku.pdf　2023 年 10 月 1 日閲覧）より。

日本人の生涯学習の実態について検討することにしよう。

内閣府は「生涯学習に関する世論調査」を 1988 年度から開始している。直近の 2022 年度の調査結果によれば、過去 1 年間に 1 日以上の何らかの学習に取り組んだ者は全体の 74.8％であった。つまり約 4 人に 3 人は何らかの学習に取り組んでいる。具体的にはいかなる内容の学習に取り組んでいるのだろうか。

図 12-2 はここ 1 年間の生涯学習の実施状況と学習内容を示している。学習を行った者のうちで最も多い内容は、「仕事に必要な知識・技能や資格に関すること」であり全体の 40.1％を占めた。次いで「健康やスポーツに関すること」が 31.3％、「料理や裁縫などの家庭生活に関すること」の 23.1％や「音楽や美術、レクレーション活動などの趣味」の 22.9％が続いている。第 1 位となった学習内容の「仕事に必要な知識・技能や資格に関すること」は、2015・2012 年度の「生涯学習に関する世論調査」では「職業において（あるいは職業上）必要な知識・技能」として調査されたが、その割合は 10％前後であった。[7] 2022 年度調査でその割合が極めて上昇している点は、今回の調査の大きな特徴の一つといえよう。社会人は仕事に必要な知識・技能や資格に関する学びに取り組み、転職やスキルアップを目指す者が増えているためと解釈することもできるだろう。

2. 生涯学習の阻害要因

2022 年度版の「生涯学習に関する世論調査」において「学習をしていない」と回答した 24.3％の者にその理由を尋ねたところ、図 12-3 に示す結果となった。「特に必要がない」という回答が最も多く、全体の 45.5％を占めた。

生涯学習の阻害要因としては、これまで 2 大要因は「忙しくて時間がない」や「費用がかかる」といった状況的障壁が強く影響を及ぼすと考えられてきた。ところが本調査結果では、「特に必要性がない」という成人の心理的障壁ともいえる要因が状況的障壁よりも強く働いていることが明らかとなった。生涯学習は義務教育とは異なり、学習者の自主性・自発性を原則としている。学ぶ習慣をつけた者はさらに学ぶようになるが、反対に学ぶ機会に恵まれなかった者はその後の人生でもさらに学ばないようになるといった悪循環が生じることが

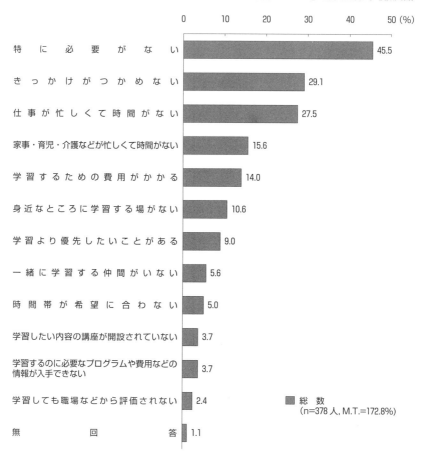

図12-3　この1年間に月に1日以上「学習をしていない」回答した理由
（出所）図12-2に同じ，p.4より。

危惧されている。本調査の結果はその一つのエビデンスを示すものとも言える
だろう。学ぶ必要性がないと考えている人々に，いかに学ぶ楽しさや学びの重
要性・必要性を理解してもらうかは生涯学習を推進する課題の一つである。

⑥ 生涯学習社会を構築するための課題

　生涯教育の観点から，家庭教育，学校教育，社会教育の有機的統合の必要性を明記した国の答申が1970年代はじめに出されてから50年以上が経過しようとしている。その間，生涯学習活動に取り組む日本人は確実に増加し，法整備など生涯学習を推進する体制の強化がなされてきた。現代においては，社会教育や生涯学習を基盤とする人づくり，つながりづくり，まちづくりが目指されている。実際に学びを通じた地域づくりを目指す政策は，文部科学省のみではなく，総務省，厚生労働省，国土交通上，農林水産省等の他の省庁も取り組む重要施策となっている。では生涯学習社会を実現するためにはいかなる課題が残されているのだろうか。本節では，最後に数多くある課題のなかでも以下の2つの課題を挙げることにしよう。

　日本は急激な少子高齢化の時代を迎えた。地方都市はその多くが今後20年程度で消滅可能性都市になるといった予測もあり，地域社会が崩壊する危機に直面している。そうしたなかでの第1の課題は，地域のさまざまな人的・物的・財政的・情報的な学習資源をさらに連携・協力するようにネットワーク化を強めることだといえよう。地域のさまざまな教育・学習施設の他，関連する施設や機関，NPOや企業を含む多様な団体等がある。地域全体で学び合い・支え合いを実現する生涯学習社会の実現は子どもから高齢者までの全世代の生きる力を高め，あわせて人と人とのつながりは地域社会全体を活性化する源になると期待されている。

　第2の課題は，人々の学んだ学習成果を正当に評価し，学習成果を生かす制度や仕組みづくりにある。生涯学習成果の評価は，実はその重要性が臨時教育審議会答申（1985年，1987年）から述べられてきた。しかし，その仕組みづくりはまだ途上にあるといえよう。但し，近年新しい動きも生まれている。たとえば，2020年度から社会教育主事はこれまで教育行政に採用される場合に発効する任用資格であったが，2020年度からの改正により「社会教育士」の称号が付与されるように改正がなされた。[8] 今後は社会教育主事の有資格者が地域

社会のなかでさまざまな立場でその専門性を活かしつつ，「学びのオーガナイザー」となることが期待されている。このように従来の制度の見直しや法改正も地域全体での学び合い・支え合いを実現する仕組みづくりの一つだといえよう。日本社会の直面する数多くの課題は，学びを通じた人づくり・つながりづくり・地域づくりによって克服されると期待したい。

【金藤ふゆ子】

1　成人の学習は学校教育段階の就学年数が長いほど，その後の人生での学習希望率，学習行動率が高いという関連を，世論調査など国の調査結果を調べて確かめてみよう。
2　みなさんの住んでいる地域にはどのような生涯学習に関する施設・機関や具体的な学習機会があるのか，関連する資料を集めて話し合ってみよう。

注

1）ポール・ラングラン著，波多野完治訳『生涯教育入門』第一部，財団法人全日本社会教育連合会，1990年
2）内閣府「国民生活に関する世論調査」（昭和47年〜令和4年を基に作成）
3）厚生労働省『令和4年簡易生命表の概況』2023月7月
4）内閣府『令和5年版高齢社会白書（概要版）』「第1章高齢化の状況」（https://www8.cao.go.jp/kourei/whitepaper/w-2023/gaiyou/05pdf_indexg.html　2023年10月30日閲覧）
5）厚生労働省『令和4年版少子化社会対策白書　概要』より引用。
6）文部科学省『平成4年度学校基本調査の公表について』p.5
7）内閣府『生涯学習に関する世論調査（令和4年7月調査）概要版』p.3
8）社会教育主事の講習は，社会教育法第9条5に規定される。その講習に必要な事項は文部科学省令に定めるとされる。2020年度より社会教育主事講習等規程が改正され，社会教育主事講習の科目の変更と「社会教育士」の称号が付与されることとなった。

資　料

教育基本法

[平成 18 年 12 月 22 日法律第 120 号]

教育基本法（昭和 22 年法律第 25 号）の全部を改正する。

我々日本国民は，たゆまぬ努力によって築いてきた民主的で文化的な国家を更に発展させるとともに，世界の平和と人類の福祉の向上に貢献することを願うものである。

我々は，この理想を実現するため，個人の尊厳を重んじ，真理と正義を希求し，公共の精神を尊び，豊かな人間性と創造性を備えた人間の育成を期するとともに，伝統を継承し，新しい文化の創造を目指す教育を推進する。

ここに，我々は，日本国憲法の精神にのっとり，我が国の未来を切り拓く教育の基本を確立し，その振興を図るため，この法律を制定する。

第一章　教育の目的及び理念
（教育の目的）
第一条　教育は，人格の完成を目指し，平和で民主的な国家及び社会の形成者として必要な資質を備えた心身ともに健康な国民の育成を期して行われなければならない。
（教育の目標）
第二条　教育は，その目的を実現するため，学問の自由を尊重しつつ，次に掲げる目標を達成するよう行われるものとする。
一　幅広い知識と教養を身に付け，真理を求める態度を養い，豊かな情操と道徳心を培うとともに，健やかな身体を養うこと。
二　個人の価値を尊重して，その能力を伸ばし，創造性を培い，自主及び自律の精神を養うとともに，職業及び生活との関連を重視し，勤労を重んずる態度を養うこと。
三　正義と責任，男女の平等，自他の敬愛と協力を重んずるとともに，公共の精神に基づき，主体的に社会の形成に参画し，その発展に寄与する態度を養うこと。
四　生命を尊び，自然を大切にし，環境の保全に寄与する態度を養うこと。
五　伝統と文化を尊重し，それらをはぐくんできた我が国と郷土を愛するとともに，他国を尊重し，国際社会の平和と発展に寄与する態度を養うこと。
（生涯学習の理念）
第三条　国民一人一人が，自己の人格を磨き，豊

かな人生を送ることができるよう，その生涯にわたって，あらゆる機会に，あらゆる場所において学習することができ，その成果を適切に生かすことのできる社会の実現が図られなければならない。
（教育の機会均等）
第四条　すべて国民は，ひとしく，その能力に応じた教育を受ける機会を与えられなければならず，人種，信条，性別，社会的身分，経済的地位又は門地によって，教育上差別されない。
2　国及び地方公共団体は，障害のある者が，その障害の状態に応じ，十分な教育を受けられるよう，教育上必要な支援を講じなければならない。
3　国及び地方公共団体は，能力があるにもかかわらず，経済的理由によって修学が困難な者に対して，奨学の措置を講じなければならない。

第二章　教育の実施に関する基本
（義務教育）
第五条　国民は，その保護する子に，別に法律で定めるところにより，普通教育を受けさせる義務を負う。
2　義務教育として行われる普通教育は，各個人の有する能力を伸ばしつつ社会において自立的に生きる基礎を培い，また，国家及び社会の形成者として必要とされる基本的な資質を養うことを目的として行われるものとする。
3　国及び地方公共団体は，義務教育の機会を保障し，その水準を確保するため，適切な役割分担及び相互の協力の下，その実施に責任を負う。
4　国又は地方公共団体の設置する学校における義務教育については，授業料を徴収しない。
（学校教育）
第六条　法律に定める学校は，公の性質を有するものであって，国，地方公共団体及び法律に定める法人のみが，これを設置することができる。
2　前項の学校においては，教育の目標が達成されるよう，教育を受ける者の心身の発達に応じて，体系的な教育が組織的に行われなければならない。この場合において，教育を受ける者が，学校生活を営む上で必要な規律を重んずるとともに，自ら進んで学習に取り組む意欲を高めることを重視して行われなければならない。
（大学）
第七条　大学は，学術の中心として，高い教養と

専門的能力を培うとともに，深く真理を探究して新たな知見を創造し，これらの成果を広く社会に提供することにより，社会の発展に寄与するものとする。

2　大学については，自主性，自律性その他の大学における教育及び研究の特性が尊重されなければならない。

（私立学校）

第八条　私立学校の有する公の性質及び学校教育において果たす重要な役割にかんがみ，国及び地方公共団体は，その自主性を尊重しつつ，助成その他の適当な方法によって私立学校教育の振興に努めなければならない。

（教員）

第九条　法律に定める学校の教員は，自己の崇高な使命を深く自覚し，絶えず研究と修養に励み，その職責の遂行に努めなければならない。

2　前項の教員については，その使命と職責の重要性にかんがみ，その身分は尊重され，待遇の適正が期せられるとともに，養成と研修の充実が図られなければならない。

（家庭教育）

第十条　父母その他の保護者は，子の教育について第一義的責任を有するものであって，生活のために必要な習慣を身に付けさせるとともに，自立心を育成し，心身の調和のとれた発達を図るよう努めるものとする。

2　国及び地方公共団体は，家庭教育の自主性を尊重しつつ，保護者に対する学習の機会及び情報の提供その他の家庭教育を支援するために必要な施策を講ずるよう努めなければならない。

（幼児期の教育）

第十一条　幼児期の教育は，生涯にわたる人格形成の基礎を培う重要なものであることにかんがみ，国及び地方公共団体は，幼児の健やかな成長に資する良好な環境の整備その他適当な方法によって，その振興に努めなければならない。

（社会教育）

第十二条　個人の要望や社会の要請にこたえ，社会において行われる教育は，国及び地方公共団体によって奨励されなければならない。

2　国及び地方公共団体は，図書館，博物館，公民館その他の社会教育施設の設置，学校の施設の利用，学習の機会及び情報の提供その他の適当な方法によって社会教育の振興に努めなければならない。

（学校，家庭及び地域住民等の相互の連携協力）

第十三条　学校，家庭及び地域住民その他の関係者は，教育におけるそれぞれの役割と責任を自覚するとともに，相互の連携及び協力に努めるものとする。

（政治教育）

第十四条　良識ある公民として必要な政治的教養は，教育上尊重されなければならない。

2　法律に定める学校は，特定の政党を支持し，又はこれに反対するための政治教育その他政治的活動をしてはならない。

（宗教教育）

第十五条　宗教に関する寛容の態度，宗教に関する一般的な教養及び宗教の社会生活における地位は，教育上尊重されなければならない。

2　国及び地方公共団体が設置する学校は，特定の宗教のための宗教教育その他宗教的活動をしてはならない。

第三章　教育行政

（教育行政）

第十六条　教育は，不当な支配に服することなく，この法律及び他の法律の定めるところにより行われるべきものであり，教育行政は，国と地方公共団体との適切な役割分担及び相互の協力の下，公正かつ適正に行われなければならない。

2　国は，全国的な教育の機会均等と教育水準の維持向上を図るため，教育に関する施策を総合的に策定し，実施しなければならない。

3　地方公共団体は，その地域における教育の振興を図るため，その実情に応じた教育に関する施策を策定し，実施しなければならない。

4　国及び地方公共団体は，教育が円滑かつ継続的に実施されるよう，必要な財政上の措置を講じなければならない。

（教育振興基本計画）

第十七条　政府は，教育の振興に関する施策の総合的かつ計画的な推進を図るため，教育の振興に関する施策についての基本的な方針及び講ずべき施策その他必要な事項について，基本的な計画を定め，これを国会に報告するとともに，公表しなければならない。

2　地方公共団体は，前項の計画を参酌し，その地域の実情に応じ，当該地方公共団体における教育の振興のための施策に関する基本的な計画を定めるよう努めなければならない。

第四章　法令の制定

第十八条　この法律に規定する諸条項を実施するため，必要な法令が制定されなければならない。

　　　附　則　抄

（施行期日）

1　この法律は，公布の日から施行する。

教育関連法規・学習指導要領 (QR コード一覧)

[政府の e-Gov ポータル (https://www.e-gov.go.jp) および各省庁へのリンク QR コード一覧]

法規名	QR	法規名	QR
日本国憲法 (昭和二十一年憲法)		幼稚園教育要領 (文部科学省平成 29 年 3 月)	
学校教育法 (昭和二十二年法律第二十六号)		幼保連携型認定こども園教育・保育要領 (平成二十九年三月三十一日) (内閣府／文部科学省／厚生労働省／告示第一号)	
学校教育法施行規則 (昭和二十二年文部省令第十一号)		保育所保育指針 (平成二十九年三月三十一日) (厚生労働省告示第百十七号)	
教育職員免許法 (昭和二十四年法律第百四十七号)		小学校学習指導要領 (文部科学省平成 29 年 3 月告示)	
教育公務員特例法 (昭和二十四年法律第一号)		中学校学習指導要領 (文部科学省平成 29 年 3 月告示)	
地方公務員法 (昭和二十五年法律第二百六十一号)		高等学校学習指導要領 (文部科学省平成 30 年 3 月告示)	
公立の義務教育諸学校等の教育職員の給与等に関する特別措置法 (昭和四十六年法律第七十七号)		教育振興基本計画 (令和 5 年 6 月 16 日閣議決定)	
子どもの権利条約 (「児童の権利に関する条約」) (外務省訳)			

索　引

編著者紹介

髙野良子（たかの　よしこ）

1950年千葉県生まれ。千葉大学大学院教育学研究科修士課程修了，日本女子大学大学院人間社会研究科博士課程後期単位取得満期退学。博士（教育学）。植草学園大学教授，副学長をへて，現在，植草学園大学名誉教授。
主要著書：『幼児教育・保育総論―豊かにたくましく生きる力を育むために』（編著，学文社，2020），『教育社会学―現代教育のシステム分析』（分担翻訳，東洋館出版社，2011），『日本女子大学叢書2 女性校長の登用とキャリアに関する研究―戦前期から1980年代までの公立小学校を対象として』（単著，風間書房，2006）ほか。

武内　清（たけうち　きよし）

1944年千葉県生まれ。東京大学大学院教育学研究科博士課程中退。東京大学助手，武蔵大学専任講師，同助教授，同教授，上智大学教授，敬愛大学特任教授をへて，現在，敬愛大学名誉教授，上智大学名誉教授。
主要著書：『学生文化・生徒文化の社会学』（ハーベスト社，2014），『子どもと学校』『子どもの「問題」行動』（編著，学文社，2010），『大学とキャンパスライフ』（編著，上智大学出版，2005），『キャンパスライフの今』（編著，玉川大学出版部，2003）ほか。

教育の基礎と展開　第三版
―豊かな教育・保育のつながりをめざして―

2016年4月20日　第一版第一刷発行
2018年4月10日　第二版第一刷発行
2024年3月25日　第三版第一刷発行

編著者　　髙野　良子
　　　　　武内　清

発行者　　田中　千津子

発行所　　株式会社　学文社

〒153-0064　東京都目黒区下目黒3-6-1
電話　03（3715）1501 ㈹
FAX　03（3715）2012
https://www.gakubunsha.com

Printed in Japan
印刷　新灯印刷

ISBN 978-4-7620-3317-9